| 光明社科文库 |

颠覆且回归的圣陶教育

——王天民教育思想与实践

张立秋 ◎ 编著

光明日报出版社

图书在版编目（CIP）数据

颠覆且回归的圣陶教育：王天民教育思想与实践 /
张立秋编著 . -- 北京：光明日报出版社，2022.3

ISBN 978 - 7 - 5194 - 6493 - 6

Ⅰ.①颠… Ⅱ.①张… Ⅲ.①王天民—教育思想—研
究 Ⅳ.①G40-092.7

中国版本图书馆 CIP 数据核字（2022）第 040073 号

颠覆且回归的圣陶教育：王天民教育思想与实践
DIANFU QIE HUIGUI DE SHENGTAO JIAOYU：WANGTIANMIN JIAOYU
SIXIANG YU SHIJIAN

编　　著：张立秋	
责任编辑：黄　莺	责任校对：叶梦佳
封面设计：中联华文	责任印制：曹　净

出版发行：光明日报出版社

地　　址：北京市西城区永安路 106 号，100050

电　　话：010 - 63169890（咨询），010 - 63131930（邮购）

传　　真：010 - 63131930

网　　址：http：//book.gmw.cn

E - mail：gmrbcbs@gmw.cn

法律顾问：北京市兰台律师事务所龚柳方律师

印　　刷：三河市华东印刷有限公司

装　　订：三河市华东印刷有限公司

本书如有破损、缺页、装订错误，请与本社联系调换，电话：010-63131930

开　　本：170mm×240mm

字　　数：155 千字　　　　　　印　　张：12.5

版　　次：2022 年 3 月第 1 版　　印　　次：2022 年 3 月第 1 次印刷

书　　号：ISBN 978 - 7 - 5194 - 6493 - 6

定　　价：85.00 元

序

能够成为这本书的作者，我感到非常荣幸。

近些年大家对教育的关注度越来越高，教育改革的呼声也颇为强烈。圣陶教育以最惊艳的呈现，展示了他们最彻底的教育革命。

我与圣陶的缘分始于互联网。2016 年年初，《中国教师报》连续报道了王天民校长和他的教学理念，其中《圣陶学校蝶变的七个谜》让我印象极深。近 80 岁高龄，被誉为"教育创客"的王天民校长，本是语文特级教师，却独创了理科教学"一句不教，全班都会"的教学方法，引起了业界的强烈反响。至今来圣陶学校参观学习的人依旧络绎不绝，许多来自全国各地的家长都把孩子送到这里学习。

2017 年的初春，我有幸与二十一世纪研究院的杨东平院长一起来到圣陶学校，王校长和杨院长两位教育改革与创新的坚守者，一见如故，相谈甚欢。王校长兴高采烈地向杨院长介绍了圣陶教育，我能清楚地回忆起当时王校长带我们参观校园的时候，很随机地指着校园围墙上的一块已经破损的瓷砖，当场示范起了他的语文教学。首先，他从万物都有生命的角度，强调不能仅仅把这块砖看作一块砖，而是要把它看作一个生命体，而且这个生命体是不断变化和发展的，他说道："这块瓷砖现在是破旧的，但是这块砖有它的以前、现在和未来，这块砖承载着它自己一生的故事，它未来的命运又会怎样？"他引发学习者做深刻的思考。接着，又从物质的构成、特性、价值的角度提出以下几个问题："这块砖的物质组成是什么？它具有哪些性质？这块砖在这里的作用是什么？"从这个角度引导学习者探索事物的本质。最后，他让在场的老师们思考这块砖与这周围的环境关系是怎样的，当下的我们与这块砖的关系是什么样的……这是我听过的内容最丰富、最精彩的语文课！王校长的课堂不只是教知识，而是引导学生从多个角度思考事物的本质，是教学生智慧。

匆匆的两天行程收获了惊喜，也引发了我很多的好奇，于是便有了后来一次次的圣陶之行，一次次向王校长求学问道的过程。

因材施教，无为而治。中华文明的源头活水滋养着圣陶学校，王天民和他的圣陶学校生机盎然，气象万千。

教室里，学生们用彩纸做成的装饰画上写着"一班一世界，一生一菩提"，这是对公平教育的最好诠释。圣陶学校努力践行孔子提倡的"因材施教"和"有教无类"，这样的教育是关注到每一个生命个体的、最精准和最公平的教育。

打破升级制度，打破教材体系，打破学科界限，创建无教材、无预习、无练习册、无笔记、无试卷、无作业的"六无课堂"，圣陶学校对现行教育进行了全面颠覆，同时也在向教育的根本回归。王天民校长说："教育必须回归自然，回归传统。"

"一句不教，全班都会"是王校长的众多教学法门之一，是他教育之道的"显"；对圣贤思想精髓的精准解读、对圣贤智慧的传承则是他教育之道的"隐"。老子云："反者道之动。""别人教，王校长不教；别人有，王校长无，开卷练、闭卷考，让学生们踏着100分前进！"看似与其他学校背道而驰的教育方法正是王校长教育的大智慧。

本书记录了笔者与老师们、校长们，和热爱、关心教育的相关专家学者、公益界人士、企业家先后探访圣陶学校时，王校长与各界人士分享的圣陶学校的教育思想和教育理念。王校长用心良苦地反复述说他的教育理念，从不同的视角（唯物与唯心）、不同的时空（桃花源或教育小镇）、不同的角色（学生与老师）讲述着他的教育之道。

2019 年 3 月，在"王天民教育思想和教育方法"研讨会上，王校长对圣陶的教育思想正式做出了完整的总结。会上有三所学习践行圣陶教育思想的学校分享了他们的丰硕成果，虽然学校数量不多，但是比较具有代表性，它们中有民办学校，也有公立学校；有小学，也有初中。与会人员的互动也非常精彩。本书会如实地将研讨会的内容与成果呈现给各位读者。

《中国教师报》为我们发现了教育的新大陆，经作者的许可，本书已将极具价值的报道文章列为附录，这些文章也为本书增添了很多价值。

圣陶教育就像流动的水，每天都在为我们带来新的内容、新的形式，"虚而不屈，动而愈出""绵绵若存，用之不勤"。

笔者编写本书的初衷是期盼王天民校长的教育之道惠泽更多学校，给更多学生带来福祉。

感谢王天民校长为教育带来的大变革、大气象。感谢杨东平院长，使我有机会在第三届 LIFE 教育创新峰会上分享圣陶教育理念，那次分享为本书的编写打下了基础。还要特别感谢梁春晓先生为促成本书所做的支持和指导。非常感谢顾县镇第一初级中学的贾占通校长和牛琳璐老师、蒙城县汇贤中学的戴全志校长和孙凤国校长、郑州市二七区先锋外国语学校的陈玉芳校长和刘继莹老师，他们把这三年来学习圣陶教育思想的经验和丰硕成果生动地展示给了大家，使本书更具现实意义。感谢圣陶学校的张晓乐老师为本书提供的图片,这些照片记录下了王天民校长教育教学的真实瞬间,使圣陶教育更生动形象地呈现在我们面前。感谢《中国教师报》的王占伟和褚清源,他们发现圣陶教育,报道圣陶教育,让我们认识了圣陶教育。感谢书中的每一位分享者,因为你们的分享,读者可以从更多的视角来理解王校长和他的圣陶教育。

张立秋

2020 年 8 月于北京

目 录
CONTENTS

第一部分 01

王天民和他的圣陶教育

一、儿子眼中的王天民①

图1-1　河南省汝阳圣陶学校校长王天民

谈起王天民校长，他的儿子王朝旭指着王校长办公室墙上张旭的《桃花溪》一诗说道："父亲有梦想，六十余载的教学生涯承载着父亲的教育梦想——找寻教育的桃花源。"

"为天地立心，为生民立命，为往圣继绝学，为万世开太平"是宋

---

① 河南汝阳圣陶学校创办者、校长。

代大儒张载的生命境界，也是父亲一生的追求。"把中国教育从西方文化轨道拉回中华文明"是年逾古稀的老父亲一贯的坚持。

"上士闻道，勤而行之"，父亲今年已经 80 岁了，仍躬身实践。每天工作十几小时，与课堂为伴，给学生上课。

我的曾祖父姓王，名珍，字金玺，清末秀才，家贫开馆授徒，教圣贤之书，学做圣贤之人。那时的中国正处于"师夷长技以制夷"的时代，曾祖父就在教学中注意既让学生学习古代先贤思想，又让他们学习西方科学技术。

祖父王世岑，字仙桥，人们称他为"奇人"。祖父自幼酷爱读书，他能从《周易》中发现六十四卦象、六十四卦辞和三百八十四条爻辞是一种有机合成的信息库。通过很多实例，如天文学、数学、中医学等，说明《周易》讲的不是迷信而是科学。

《小店乡教育之志》中记载："1930 年（民国十九年）县教育科委任魏朝府、王世岑两人在小店村创办学堂。"废科举，兴学堂，这是中国文化史上的一大进步，也是中国教育的一次大革命。在新旧意识形态激烈碰撞的形势面前，这不是一张普通的委任状，而是一道挑战科举、颠覆私塾的"进军令"；这是检阅一个人知识、才华、智慧和能力的没有刀枪的校场。祖父被县政府选为学堂创办人时，一没有财富，二没有功名，三没有靠山。但是他未曾放弃，从学堂到国民小学，再到县第八完小，投身教育行业几十年，逐渐成为小店教育的领军人。

曾祖父和祖父的言传身教让父亲有了把中华文明发扬光大的梦想，他要当一名好教师，要把中华文明继承下来并传播下去。1958 年，父亲报考了洛阳师范学校，毕业后就一直在学校当老师，多次被评为优秀教师。退休后，父亲又在 66 岁那年，变卖房产，回小镇店办学校。

父亲在签订办学合同时就明确告诉我，责任是自己的，利益是大家的，财富是社会的。学校如果不办了，就无偿捐给社会。

父亲创办学校时有着自己的雄心与梦想，他要让学校三年成为洛阳一流学校，五年成为河南一流学校，十年驰名全国，十三年走向国际。

如今圣陶学校已走过十几载风雨，一切正按照父亲的梦想一步步实现。

父亲从办学之日起，就一直带领全校师生朗读这句话："我们是真正的英雄，我们正在创造人间奇迹，我们正在书写教育神话。"

听父亲的老同事们说，父亲"干起活来，三天三夜不眨眼，睡起觉来一个'对时'不会醒"。1962年国庆节前夕，县委宣传部要求每所学校都制作一期以歌颂"三面红旗"为内容的完全由自己创作的国庆特刊，各学校进行评比。时间紧张，父亲所在的城关小学让他一个人负责插图绘画。9月27日吃完晚饭，父亲就把已经准备好的作画所需的原料、工具，包括涮笔用的水盆、水碗、抹布、削铅笔的小刀等，放到会议室，屋门紧闭，不许任何人进入。他让炊事员每天只送四个馒头，其他什么都不要。三间会议室灯火昼夜通明，三天三夜只见影动，不闻其声。9月30日下午六点前后，父亲才走出会议室，悄悄回到宿舍，一头栽倒在床上。听父亲的同事说，在那次国庆特刊展览中，有人怀疑城关小学制作的特刊中的图不是画的而是贴上去的，直到爬上梯子，仔细观察了一番，又轻轻摸了摸，才相信那些图确实是画出来的。

最终，城关小学被评为第一名。教导主任手捧锦旗，本想回到学校给父亲一个惊喜，却只听见室内鼾声连连。高主任特意告诉大家："不要叫醒天民，让他睡个够，三天三夜没有合眼啊！"下午六点多钟，一位姓董的老师走到父亲宿舍旁，透过破窗纸，看见他的床单和上衣都掉在了地上，想去帮他捡起来。董老师推开屋门，刚站到床边，父亲就醒了。董老师感叹道："现在六点半，你整整睡了一个'对时'——二十四小时啊！"父亲晚饭后还和同事们一起看了电影，老师们看到依然充满活力的父亲，有的摇头，有的摆手，"一个'对时'不会醒"的奇人故事便不胫而走，迅速由校内传到了校外，由城关传遍了全县，甚至几十年后还口口相传。

父亲一生酷爱作画，如"大白菜上卧蚱蜢""小花猫斗老鼠""花间蝴蝶舞"等，可惜我都没有见到过，只是在外婆家的老宅里看到过父亲画的猛虎下山图和山水四季屏。听父亲说，他在洛阳师范学校上学时，中央美院曾想让他去学习美术，可当时家境贫寒，他就没有去，依然留在了洛阳。

二、校长爷爷像尊"佛"

一个在圣陶学校只有不到100天学习经历的女孩，圣陶教育让她脱胎换骨，原本已经放弃学习、离开学校一年多的她，重新回到公立学校，并且通过自己的努力，成了学习进步标兵，一个学期就将成绩从400多分提高到700多分，进入了重点班。别人问她圣陶学校的学习秘诀是什么，她总是笑眯眯地只说两个字——"神奇"。可是问她校长爷爷怎么样时，她会兴奋地给你讲述这个故事：

第一次见到校长爷爷时，他正在上化学课，我走进教室坐了下来，他将粉笔递给我让我去做正在讲的那道题，我说我不会，他还是笑眯眯地说道："来试试。"只有我知道自己做得有多糟糕，我从未学过化学，乱写了一通，尴尬地看着他，他拍拍我，说我做得不错，依旧是笑眯眯的，让我想起了弥勒佛，爷爷跟他一样脸圆圆的，总是笑着的，那笑容像小学生一样干净。

第一次来到圣陶，是一个春天的午后。我注意到校园里有一棵很大的柳树，柳枝随着清风摇曳，它已经抽出了新芽，冒出了亮眼的嫩绿。

我时常在那棵柳树下向爷爷请教数学题，柳树和爷爷像是多年的老友，相对无言，却又心有灵犀，像一幅美丽的风景，又像一段悠扬的旋律，而我置身其中。我一开始不喜欢数学，但是我喜欢爷爷，喜欢他笑起来的样子，喜欢他问我有没有吃饭时的样子，喜欢他跟我们相处时的样子，所以我慢慢喜欢上了数学。

图1-2　圣陶学校的学生们在大柳树下与王校长探究问题

夏天很热的时候，同学们喜欢聚集在树下玩耍，柳树就静静地矗立在那儿，不言不语，爷爷也站在门口静静地关注着同学们，我想靠近他，又不想打扰他，我想他就是这样看着学生们一天天长大的吧！夏天温热的风吹拂着他苍老的面庞，也吹拂着同学们稚嫩的小脸，他是我们的老师，也是我们的爷爷，他教会了我们知识，他的爱伴随着我们成长。

很多人都可以教我们知识，但是很少有人教我们怎样去爱别人。在圣陶，我最大的收获不是爷爷的言传，而是他的身教。他做的事情没有多么壮烈，却在细微处展现着他的伟大。他像那株柳树，默默地庇荫着子孙们，用他的爱陪伴着我们长大。也许在以后的岁月中，我会漂泊在这个世界上的某一个角落，会忘记很多事情，甚至会忘记圣陶学校，但是我永远会记得那棵柳树，和那个站在柳树下笑眯眯的老人——校长爷爷。

三、大爱无疆铸师魂

记我们的自学导师王天民老师

当你驱车驶进河南省洛阳市汝阳县小店村的时候，远远的你就能看见一面红旗高高地迎风飘扬。这就是我们的自学导师王天民老师创办的圣陶学校，一所享誉全国的民办学校。

这是王天民老师崇尚教育的梦想——他要像孔子一样创办私学。如今他梦想成真。王老师已 70 多岁，但他仍然精神矍铄，大凡接触他的人，都能感受到他热爱教育的情怀，感受到他育人的志向，感受到他的信心和智慧力量！

我与苗浩毅、李洁华三人是 1980 年高中毕业的，但是毕业后暂时没有找到工作，成了未就业人员。王天民老师那时是汝阳县小店村中的语文老师，全国模范班主任，在课外，他还是我们的免费自学导师。

（一）王天民老师的未就业青年教学班

王老师的未就业青年教学班，是王老师利用课余时间、节假日时间开设的进行思想辅导、学法辅导的免费辅导班，最初有十多个人，一年后，就剩下我与苗浩毅、李洁华三人。其他几位学员，或迫于社会压力，或迫于家庭贫困、父母不支持等原因，最终放弃了自学，离开了王老师的未就业青年教学班。

王老师教导我们时，对我们进行了分析：有极强烈的求知欲望，有不怕吃苦的精神，关键是有一颗纯洁无杂念的心，也有一定的基础知识，但因为数学极差，参加高考被录取已不可能，基于现状，指出我们的奋斗目标，就是将来成为"作家"。这是我们的远期奋斗目标。一些人认为当一名作家，对于农村的未就业青年来说，有点太不现实了。但那时，我们一点也没有气馁，我们认为别人能做到的，我们也一定能做到！这个崇高的理想一旦确立，我们便开始了义无反顾的艰难跋涉……

（二）王老师教我们如何做人

王老师教导我们说，做一个人必须有理想，有了理想才有奋斗的目标，有了奋斗的目标，还要把目标划分成近期目标和远期目标，分阶段去完成，才能最终取得胜利或成功。"心静如水，方能智慧如泉""文如其人，字如其面""人不正，文不成""一个人只有虚怀若谷才能拥有万籁之音"等都是王老师常常对我们说的话。

王老师让我们读汪国真的《热爱生命》："我不去想是否能够成功，既然选择了远方，便只顾风雨兼程……"王老师让我们背诵《钢铁是怎样炼成的》中的名句："一个人的生命应当这样度过：当他回首往事的时候，他不因虚度年华而悔恨，也不因碌碌无为而羞愧……"王老师让我们明白，"凡做事，自发端以迄成功，不论其间有何等之困难，均当竭力为之""天上若无难走路，世间哪个不成仙"。这些名言警句，就像一面旗帜，指引着我们前进的方向，激励着我们成长，丰富着我们的思想，净化着我们的灵魂。我们疯狂地阅读，去寻找书中的"黄金屋"。

为了当作家，王老师让我们三人走出家乡，到县城去拜访名人，到

9

更偏远的村庄去体验更苦的生活。还记得那个月明星稀的夜晚，我骑着自行车带着苗浩毅奔走在由城西返回小店的大道上。路上没有了行人，没有了车辆，只有圆圆的月亮陪伴着我们，只有朗朗的月光沐浴着我们。蹬不上陡坡，就推着车向前走；蹬上了陡坡，就骑着车向下飞奔。不知道疲倦，不知道恐惧，只感觉兴奋，只感觉激动，只感觉生活如此美丽……

曾记得苗浩毅的第一篇文章《敬老院中的一对新人》在广播上播送时，我们是怎样的欢呼雀跃呀！

王老师先是为我们感到高兴，然后告诉我们："胜戒骄，骄必败，要再接再厉！"于是我们继续努力学习、读书、写作，后来，《校园中的玉兰花——记中学教师马玉兰的事迹》《家乡的红柿子》等多篇我们的文章被县广播站采用。

曾记得王老师带领我们探险汝阳小店"水帘洞"时，洞口重生，大洞内小桥流水，石碗、石床、石盆……应有尽有，确是一个好去处。再进入一个洞中之洞，初极狭，两壁潮湿，道路光滑难走。有人心中恐慌，要求返回。我们手拿火把，坚持走到了尽头。在看到展现在我们眼前的竟是金碧辉煌的皇宫似的美景时，我们又异口同声地发出了这样的感叹："夫夷以近，则游者众；险以远，则至者少。而世之奇伟、瑰怪、非常之观，常在于险远，而人之所罕至焉，故非有志者不能至也。"

"唤醒""激励""鼓舞"，王老师对于我们进行了极艰辛、极细致、全方位的教育，让我们成为正直、博爱、诚实、睿智、阳光、向上的人，我们朝着这个目标艰难地努力着、努力着……

（三）王老师别具一格的教学方法

王老师教我们书法时，第一步就是让我们脱离童体、学生体。他教书法与别人不同，很多老师教的时候是让学生一张张纸地临摹、一本本字帖地临摹，而王老师教书法分三个步骤：第一步是"临"，也就是"看"，看字的结构，看笔画的先后顺序，看字的意思；第二步是"摹"，就是用白纸映着字帖上的字摹写；第三步是"写"，就是脱离字帖自己写。用的本子也很讲究，王老师让我们用有"田"字格的32开本子，一个字写满一页。每写满一页，王老师就用红笔把我们写得工整、端庄、秀丽的字，圈个圆圈，批个日期。然后让我们进行横向比较和纵向比较。横向比较就是我们三个人之间的比较，每天看谁的字被圈出来的多；纵向比较是让我们将初练的字与一个星期后、一个月后练的字进行比较。因为有比赛，有输有赢，所以从未感到枯燥无味，反而越学兴致越高，越学追求理想的决心越坚定。

突然有一天，在翻练字本的过程中，我们发现了王老师教学的秘密。苗浩毅大声地叫嚷："王老师，你骗我们，这本子前几页的字写得这么差，你是怎么挑出这么多'优秀'的字的，这'优秀'字和现在的不优秀字一比也好不到哪里去。"王老师笑着说："我不骗你，你能坚持练字练这么长时间吗？""这是什么教法？"我们问。王老师说："这叫鼓励教学法。"

鼓励教学法给我们的是自信，是决心！是激发我们学习灵感的金钥匙！是挖掘我们潜意识的锐利武器！后来我参加教学工作，也用同样的方法教自己的孩子、自己的学生书法，都取得了较好的教学效果。有的同学的书法在省、市、县展览，现在已成为远近闻名的书法家。

其次是王老师教了我们很多背诵记忆的方法。有开头字记忆法、想象记忆法、移步换景记忆法、重点词记忆法等，让我如获至宝。我们用了一个月的时间，几乎将《唐诗今译》全部背了下来。后来，我在学习汉语言文学专业专科课程、汉语言文学教育专业本科课程时，这些记忆法让我收到了事半功倍的效果，四年的知识，我用两年就顺利学完了。

一个教师在教育教学中是"授人以鱼"还是"授人以渔",是评价教师教育教学水平的标准,王天民老师就是"授人以渔"的楷模和典范,我们得到的不是"只救一时之急",而是"可解一生之需"的秘方。

(四)王老师对我们生活上的关心

1. 王老师是大树,是高山

我们跟着王老师学习这件事,是当时村里的"特级新闻"。很多人都不看好我们,认为我们在学校都学不好,跟着王老师也不可能学得好,更不可能成为作家;也有不少人对王老师的教学议论纷纷,但是王老师并不在意,他告诉我们不要在意别人的看法。

当时,王老师因为我们遭受了多少批评,我们不知道;王老师因为我们遭受了多少非议,我们不知道;别人非议我们什么,我们也不知道。现在人到中年,再回想王老师当时对于我们,就像一棵大树、一座大山,为我们遮风挡雨,保护着我们,像小船一样鼓满了帆,勇往直前……

2. 王老师家访

1986年春节,我正在学习,忽然听到母亲呼唤:"小香,快出来,王老师来了!"我飞奔出来,王老师已走进家门,手里还拿着点心。我没有想到,王老师这时候会来家访,父母亲慌得手足无措,左邻右舍也赞叹不已,我心里的感激自不必说。王老师跟我父母交谈了一会儿就离开了,此后,父母就让我安心在家学习,不再让我下地干活了。

有时,老师对学生生活上的关心所产生的动力会远远超过父母对子女的关心所产生的动力!

后来,当我们拿到自考大专、自考本科毕业证书的时候,当我们的事迹在广播上、报纸上报道的时候,当我们成为正式中小学教师的时候,我们深深地感激党的十一届三中全会的春风,深深地感激党的重视教育、重视人才的国策，也深深地感激王天民老师的教育智慧及辛勤培养。

如果没有王天民老师的辅导班，我们的眼前就不会出现"柳暗花明又一村"的景象；如果没有王天民老师的教育智慧及辛勤培育，就不可能有我们的今天！

我们问王天民老师：当初创办农村未就业青年辅导班到底是为了什么？是为了赚钱吗？可是我们没有交过一分钱的学费。是图名誉吗？可是广播、报纸上报道的是我们自学成才的事迹。那到底是为了什么呢？王老师笑着说道："无私，无欲，一无所求。"真的是一无所求吗？不对，他应该有所求，他为了我们国家多一个有用的人才，为了我们不再贫穷，为了证明后天教育的重要性，为了证实人的可塑性……

王天民老师是纯粹的教育开拓者！

王天民老师是纯粹的教育创造者！

王天民老师是纯粹的伟大教育家！

正是像王天民老师这样无私无畏的开拓者、创造者们，推动了中国教育乃至世界教育的发展，正是像王天民老师这样纯粹的伟大教育家，实践着、丰富着"教育"的内涵，拓展着"教育"的外延，铸造着大爱无疆的神圣的师魂！

——未就业青年教学班学生尚小香

四、圣陶教育的雏形

1974 年，王天民在小店初中教文艺班，主要工作是带领学生排演文艺节目，形式以歌舞、曲艺为主。乐队除打击乐外，还有手风琴、扬琴、二胡、横笛等。王天民带领着学生多次参加省、市戏曲会演并获奖，培养了一大批音乐戏剧人才。

1977 年，中考、高考恢复，在学生家长的要求下，学校解散了文艺班，时任校长周光显委托二年级的数学老师出题，让 5 个毕业班统一参加了一次考试。结果，文艺班 45 名学生中有 41 名得 0 分，4 名学生因答对了"1-1=0"得 5 分，他们说："这 5 分也是蒙出来的。"

王天民看着学生们失望的眼神，沉着、冷静、信心十足地鼓励他们："考个高中还不容易？三个月咱们就能超过他们！"虽然这样鼓励学生，但是王天民明白真正做起来并不容易。如果按常规教学，一级一级地教，一册一册地学，三个月根本不可能完成从小学到初中的全部课程。文艺班的学生从小学戏，文科成绩普遍不错，教学就从数理化开始。王天民找了一本"文化大革命"前的新乡数理化中考题集，不再按教材去学，而是将学生分成 8 个小组，选出 8 个组长，六男二女。晚上 6 个男生组长与他同住一室，两个女生组长和女老师住在一起。前一天晚上集体备课，第二天组长当老师，采取"单科独进"的方法，先学数学，再学物理，最后学化学。三个月后，学校组织了一次预选考试，结果出来后，大家发现前 30 名都来自原来的文艺班。然而其他数学老师却不认同这次预选考试的成绩，议论纷纷："三个月学了几年才能学完的东西，还取得这么好的成绩，不可能，绝对不可能！"后来，学校让学生们参加了公社组织的初中数学竞赛，小店初中包揽了前十名，人均 86.5 分，毫无悬念地拿到了冠军；杨家渠初中位居第二，人均 36.5 分。值得一提的是，在这次比赛的前十名中，有九名学生来自原来的文艺班。中考时，小店初中有 9 人考上了县高中，9 人考上了其他高中，获得了全县第一名的成绩。这应该就是王校长"全科包班，没有教案，没有笔记，圣陶三无，单科独进"的圣陶教育思想的启蒙和雏形吧！

五、圣陶教育

"原来数学这么简单！原来数学这么有趣！我原来这么聪明！"这是 2017 年暑假，校长王天民给来自河南省兰考县兴兰中学的学生们上的最后一节课的结束语！紧接着 70 多名学生发出了他们平生最响亮的共鸣："原来数学这么简单！原来数学这么有趣！我原来这么聪明！"伴随着呐喊，学生们欢呼着、雀跃着，掌声雷动！每个学生的脸上都露出了灿烂的笑容！如果不是亲历这一切，我无法想象也不敢相信这样的奇迹，不敢相信学生们高昂的学习热情就这样被点燃。学生们通过七天的学习，完成了初中一年级数学代数部分的学习，每个学生都收获了知识和喜悦。这应该是教育的本然吧！

图 1-3 兴兰中学的老师和学生们

这样的奇迹发生在一所山村学校——河南省汝阳县圣陶学校。

已是耄耋之年、桃李满天下的老校长王天民，自幼熟读四书五经，深信中华文明是中国教育的源头活水，把圣贤思想的精髓用于教育、教学，坚持教育必须"回归传统，回归自然，以人为本，与时俱进"，让教育回归至"道"上。从教近60年来，他潜心研究、躬身实践，提出"以《易经》作引领，以《老子》作管理，以'孔子'作教学，以'诸子'作辅助，以互联网为平台，培养现代英才"的教育思想，颠覆常规的老师作为主体的课堂模式，颠覆常规的概念、定义、定理等教学设计模式，独创"一句不教，全班都会""用眼睛听课，用口回答，用手操作""开卷练、闭卷考、踏着100分前进"等诸多教学法门，在教育、教学以及教育评价等方面形成了一套完整的、既有教育之"道"又有教育之"术"的圣陶教育理念。

（一）圣陶教育之道

圣陶的教育之"道"是什么？王天民校长如此定义："教育应该是育在先，教在后。别人教知识，我教智慧；别人教书，我育人。"知识只是载体，应该在授业解惑的过程中完成教师传"道"，学生悟"道"，前者是显性的，后者是隐性的。

1. 圣陶教育理念

以《易经》作引领，以《老子》作管理，以"孔子"作教学，以"诸子"作辅助，以互联网为平台，培养现代英才。

2. 首先明确童蒙是教育主体

《易经》蒙卦的意义如下："蒙，亨。匪我求童蒙，童蒙求我。初筮，告。再三渎，渎则不告。利贞。"主动学习、自主学习应该成为一种常态。

圣陶学校有两大让学生主动学习的法宝，其一，老师懂装不懂；其二，老师要做"唐僧"，学生要做"孙悟空"。

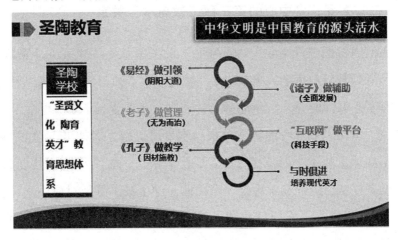

图1-4　圣陶教育主页

3. 传道是核心

"师者，所以传道授业解惑也。""道可道，非恒道。名可名，非恒名。"教育的最高境界应该是大化无形。圣陶教育老师传"道"，学生悟"道"。王校长强调"别人授业，圣陶传道；别人教书，圣陶育人；别人教知识，圣陶教智慧"，养他们的生命能量，让学生有智慧、有勇气，做人有底气。

每一个学科知识点背后都有一个"智慧密码"，即规律或法则。这需要教师的教学是循循善诱的，引导学生自己找到密码，即悟"道"。学生在一次次成功破解密码的过程中，自信心会得到极大的提升，好奇心和探究欲会不断地被激活，不断地发现知识的奥妙（"智慧密码"），自身的价值也会不断被自己证明。经过这一过程，生命中的能量被养出来了，自然底气十足，呈现出来的自然是自信、自爱和智慧。

（二）多元、多中心的第三种"教与学"关系

人们通常把"教与学""师与生"的关系认定为二元对立的关系，而且是老师教、学生学。事实上，"教与学""师与生"是相互转化关系。有了互联网的介入，生亦师，师非师，生非生，老师、学生及互联网构成了多元、多中心的教学关系。学生可以教，老师可以学。"弟子不必不如师，师不必贤于弟子。"即教学相长，教学相生，共创共生。这时没有权威，老师和学生是一个团队，学生被平等地对待。这种合于"道"的关系便有了无限的生机，学生们的好奇心、求知欲、探究欲，乃至各种奇思妙想得以激活。学生们在主动学习的过程中常常会发现知识的奥妙，悟到知识的"智慧密码"（规律、法则等），自然兴高采烈，欢欣鼓舞。他们的表现欲也会得到极大的满足，会真正感受到学习的乐趣，在不知不觉中完成心智的成长。

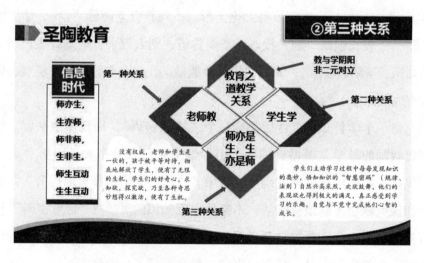

图1-5 圣陶教育"教与学"的关系

（三）舍弃现行教材，编写更适合学生的学材

1. 遵循学科知识体系自身的逻辑

例如，小学数学学科的知识逻辑可分为数与形两部分。"数"中有实数、有趣的数、分数、小数等，"形"则包括平面图形和立体图形。同时，倍数、质数等知识点又与中学数学的因式分解、方程、函数等组成了一条数学主线，所以完全可以遵循学科自身的逻辑进行教学。

2. 复杂问题简单化

颠覆传统教材"从一般到特例"的知识逻辑。从"特例"入手，由"特例"衍生出一般。"特例"就是"本"，就是"源"。重点是让教师引领学生学习，教学生悟"道"。自编的校本教材体现"分类推进、逐步加深"的原则，倡导"老师引进门，学习靠个人"的教学方法。

3. 概念问题具象化

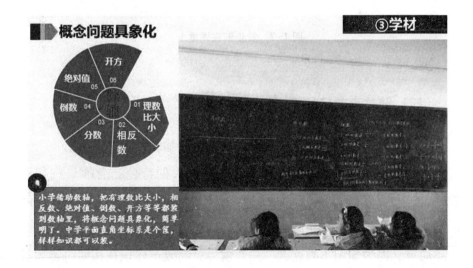

图1-6　概念问题具象化

概念是抽象的，具象是具体的、形象的。如小学把有理数比大小、相反数、绝对值、倒数、开方等都"装入"数轴，一目了然；中学借助平面直角坐标系，将概念和问题具象化，简单明了，以简驭繁。以学生的接受能力为依据，因材施教，循序渐进，并配以"单科独进""开卷练、闭卷考"等教"术"，让学习变得轻松有趣，其乐无穷。

图1-7　学生们在课堂上

（四）简单高效轻松愉悦的课堂

圣陶学校的课堂是简单高效的，更是轻松愉快的。

"一句不教，全班都会"是圣陶教育最大的特色。老师"一句不教"并非一点知识都不讲，而是把"教"体现在手势中、眼神中、问话中。所以圣陶的学生用眼听课、用口回答、用手操作。

简单，因为知识不教就会、一看就懂；高效，体现在相同内容的教学用更少的课时完成，例如，小学数学25节课学完、初中数学30节课学完、初中化学20节课学完、初中物理20节课学完。圣陶的学生在幼儿园时就可以做多位数的减法、连乘，甚至是幂的运算了；二年级的学生已经开始学习化学；三年级的学生在学二元一次方程组、一元二次方程、直角三角形、三角函数，而且有平方差、平方和的运算。大概有人会问，这是不是超常学习，是不是拔苗助长？我告诉大家，不是，这是圣陶学校每个学生每天最自然、最常态的学习，这些知识他们也完全能接受、理解。

同时，在圣陶，学习的内容不光有难度，还有强度。那么学生们会不会觉得很累呢？事实并非如此，学生的学习是轻松的，因为他们课前不需要预习，课后不需要做作业，课堂也不需要记笔记。圣陶学校的教育看似在教学，实际上是在育人。

圣陶教育有一个愉快的学习方式叫"踏着100分前进"，就是开卷练、闭卷考。"我们考试不是用来检查学生，而是鼓励学生的。"这样的教育理念背后需要老师拥有非凡的教育智慧和深厚的教学功底。圣陶经过十几年的经验积累，已经总结出了一条适合学生的学习之道。

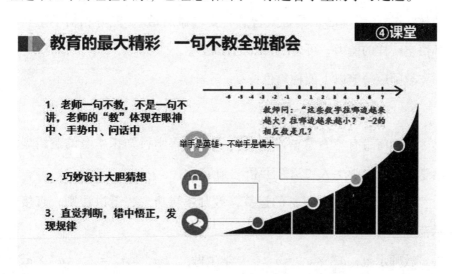

图1-8　圣陶教育最大的特色

（五）教师的本来角色

图1-9 王校长示范精神颜值

圣陶教育强调教师的精神颜值。王天民校长有一句名言："一流教师教状态。"教师必须具备大智慧，要"做唐僧"，充分相信学生具有孙悟空一样的能力，可以"降妖题怪题"。

教师应扮演以下四种角色：

1. 引领者（示范者）

教师将带有"智慧密码"的知识点，将学科知识本身的逻辑展示给学生，引导学生入"道"并悟"道"。

例如，小学生学习幂的运算，教师不讲概念，不讲法则，直接做示范。

教师示范：$a^2 \times a^3 = a^5$　　　学生做：　$a^3 \times a^4 = $　　$a^4 \times a^4 = $

$$a^2 \times a^1 = a^3 \qquad\qquad a^6 \times a^1 = \qquad a^5 \times a^1 = $$

$$a^2 \times a^5 = a^7 \qquad a^2 \times a^7 = \qquad a^2 \times a^8 =$$

在教师的示范下，学生自己悟出了幂的运算法则。如果我们给一年级的学生讲幂的运算法则的"概念"，他们一定是接受不了的。但是通过教师的示范，学生们就能像记住整数计算那样，悟到、记住、学会幂的运算法则。

2. 激发者

教师最具智慧的体现是以自己的状态激发学生的状态，以自己的热情点燃学生的热情，以自己的智慧启迪学生的智慧，使学生热情高、兴趣浓、精力集中。如果气氛活跃，学生自然可以达到最佳学习状态，拥有极高的学习效率。

3. 学习者

互联网时代，教师必然要做学习者，向互联网学习，更要向学生学习。

4. 喝彩者

及时的、准确的喝彩和鼓励，是学生自主学习的最大动力和力量源泉。

（六）另类评价

1. 考试是为了激励学生

"开卷练、闭卷考，让学生踏着 100 分前进。"考试是为了激励学生，使成绩暂时较差的学生有机会名列前茅，让他们更容易找到自信。"人人百分战略"会使学生的成绩没有好、中、差之分，每个学生都能得到激励。

2. 让学生爱上错误

"说错不算错，不说才是错；答对了得 1 分，答错了得 4 分，因为你有勇气挑战这道题。"在平时的考试中，学生即使答错了问题也不会被扣分，反而会得到比答对时更高的分值，圣陶学校以此来消除学生害怕出错的心理。

3. 不问"懂不懂""理解没理解"

圣陶的教育理念是："学会、没学会都没关系，跟着走就行；理解、不理解都没关系，能记住就行；分数高、分数低都没关系，不放弃就行。"因此，学生不害怕因学不会、不理解或分数低而被老师批评，即使某个知识点没有完全理解也不会气馁，而是先记住它，然后跟随老师继续快乐地学习下面的内容。

2019 年 6 月，笔者在第三届 LIFE 教育创新峰会上做了主题为"这里的学生为什么不怕学习"的演讲，分享圣陶教育理念，吸引了众多与会者的关注，收到了良好效果。

图 1-10　笔者在第三届 LIFE 教育创新峰会上分享圣陶教育理念

第二部分 02

| 王天民谈教育 |

2016 年 3 月,《中国教师报》连续报道了王天民和他的圣陶学校,并于 2016 年 4 月在当地召开全国"圣陶学校课改现场会"。预计参会人数为 300 人的会议,最终参会者多达 500 余人。现场会引起了极大的轰动和热烈的反响。会议结束后,多个省区市的教育部门领导、来自全国各地的校长、老师,还有一些来自其他领域的代表,纷纷到圣陶学校参观学习。现在,参观学习者不断已成圣陶学校常态,王校长也积极与各界人士分享圣陶教育思想、教育理念。

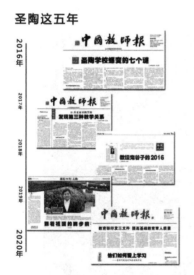

图 2-1 《中国教师报》近五年的报道和各界人士到圣陶学校参观学习的情况

一、与校长、老师谈教育

　　王校长在基础教育领域坚守了一辈子，研究了一辈子，实践了一辈子，他对教育的理解是非常深刻的。他把对中华文明和圣贤思想精髓的理解运用在基础教育领域，总结出了完整的、全面的圣陶教育理念——"以《易经》作引领，以《老子》作管理，以'孔子'作教学，以'诸子'作辅助，以互联网为平台，培养现代英才"，精准地表达了教育的内涵。

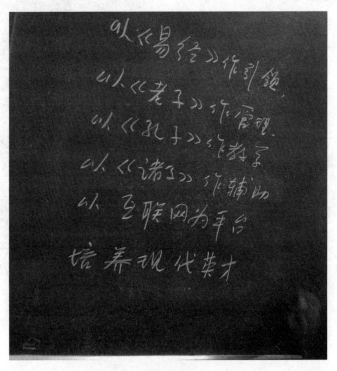

图 2-2　圣陶教育的核心理念

（一）以《易经》作引领

图 2-3 蒙卦

王天民校长向来自全国各地的校长和老师介绍圣陶教育时，反复强调《易经》对教育的引领。理解《易经》的第四卦"蒙"卦，便是理解了教育的精髓。蒙卦主卦为坎卦，卦象是水，阳数是 2；客卦为艮卦，卦象是山，阳数是 1。其含义为主方应按客方的需要，做对客方有利的事。蒙卦中的"蒙"即"亨"。"匪我求童蒙，童蒙求我。初筮告，再三渎，渎则不告。利贞。"

蒙卦主要是阐述教育的，前人所理解的蒙卦的教育意义和教育思想是："蒙"是蒙昧，"亨"是顺。不是我求童蒙，是童蒙求我，而且"不愤不启，不悱不发"。但是王校长认为，这样的解读不够全面。他认为对孔子、老子的思想也要有发展，并非圣人说的话一句都不能变，一切都是要发展的。

王校长说："人们通常认为'匪我求童蒙'的'我'指的是教师，但是我所理解的这里的'我'，不仅是教师，也包括家长，未来互联网也可能成为'我'的主角。这里的'我'泛指一切有助于童蒙学习的人和工具。互联网在这方面有优势，因为它不会求学生学习。老师和家长却很难做到这一点，现实生活中通常是反过来的，即老师、家长求学生学习，学生却厌恶学习。但是在圣陶学校，学生是主动学习的，而且是喜欢学习的。为什么？核心就是在'蒙'字上下功夫。'蒙'字的核心是'双蒙'，不仅是学生'蒙'，老师、家长也要'蒙'，要有智慧地调动学生的积极性，让他们主动学习。例如，用'懂装不懂'让童蒙主动求老师、家长，主动去学习，这就是教育的精髓。"

"初筮告，再三渎。"基础知识老师可以教给学生，但是如果学生不会应用、不会做题，那么老师坚决不能给学生解答，因为应用是应该学生自己完成的。老师给学生"钥匙"，至于开哪道锁以及怎么开锁都是学生自己的事，老师不能帮学生去做。如果老师理解了"再三渎，渎则不告。利贞"的深刻内涵，教学就变得容易了，学生学习的主动性和积极性就会被激发出来。王校长说："圣陶学校就是这样做的，例如，在给二年级学生讲一元一次方程时，老师会连续三天，每天用三分钟，举一些例子让学生去感受，把解一元一次方程的'钥匙'给他们。学生通过学习、理解，很容易就把'一元一次方程'这把'锁'打开了。通过这种方式，老师用20节课就能教完初中数学代数部分的全部内容了。"

王校长认为，教学必须以育人为出发点。遇到难题，学生要自己想办法，不能总求助于老师。老师要做的不是为学生解决学习中的难题，而是教学生做人，有时需要"大智若愚"，把学生推到台前，让他们主动学习。在如今这个互联网时代，这一点做起来要容易得多，因为现在各种在线教育平台都可以帮学生解答问题，而老师则可以全身心地从事育人工作。

（二）以"孔子"作教学

王校长说："中国现在的教育采用的仍是世界上最早的教育方式，是大工业化、机械化地'生产'学生，无法做到'一花一世界，一叶一菩提'。这种大工业化完全无差别的教学方式，容易使成绩好的学生失去学习的动力，使成绩差的学生失去前进的梦想。圣陶学校的超常教育就是打破常规、不拘一格培养人才的教育。"

图 2-4　学生们用彩纸做成的装饰画，上面写着"一班一世界，一生一菩提"

圣陶学校的老师不给学生设计任何东西，学生想学什么就学什么。圣陶学校有个实验班，完全打破了升级制度，打破了教材体系，打破了学科界限，班级里有小学三、四年级的学生，有五、六年级的学生，还有初中的学生，学生们学习的内容也各不相同，有学英语的，有学初一知识的，有学初三知识的，有学高中知识的，还有学小学知识的，完全不同于其他学校的统一教学。让学生根据自己的实际情况选择学习内容，这才是孔子的因材施教。

圣陶老师们的教学设计别具一格，他们不按教材的顺序来设计教学内容，而是根据各个学科知识本身的逻辑来讲课，小学生有可能已经在学习初中的知识了。王校长认为，教材和教学标准是人编写和制定的，也是人为地把知识划分出了不同的层级。有的人认为某一知识点是初中或高中的知识，但也有人认为它就是幼儿园、一年级应该学习的内容。例如，负数一开始是初中的知识点，后来变更为小学五年级的学习内容，但其实还可以把它放到更低年级的教学中，因为天气预报中经常出现的"零下几度"其实就是负数。这些日常生活中就经常出现的内容完全可以给小学，甚至是幼儿园的学生讲。再例如，物理中的浮力，乒乓球、纸、船等能在水上漂起来就是因为浮力，而这些事物随处可见，因此没有必要到初中学物理的时候再给学生讲，幼儿园的学生们都可以学这些。

王校长认为现在的教材体系禁锢了很多教师，让他们无法自己去构建更合理的教学体系。例如，按照现在的教材来教"分数"这个知识点，需要学习四年。三年级第一学期学习同分母分数的加减法，但是此后，三年级第二学期和四年级一年都没有相关内容，到五年级才开始学习通分、约分和异分母分数加减法，"分数"这一知识点的教学到六年级才能成熟（在圣陶学校，幼儿园的学生就可以学分数，一年级只用三天就能把这些知识全部学会）。这样的安排容易使学生的知识体系构建出现断层，不利于他们系统地理解相关知识点。在圣陶学校，学生的学习是自主的，老师教什么由学生决定，无论哪一阶段、无论哪一科目的知识都可以。三年级的学生如果要学初中的内容，就给他们讲初中的知识，深入浅出、从生活入手进行教学。"学什么""为什么学"都由学生决定，让"童蒙求我，匪我求童蒙"就是圣陶学校的教育理念。

（三）以《老子》作管理

学校应该成为教育的"桃花源"，要"无为而治"，不要有制度约束。"桃花源"这个思想很早就有，圣陶学校一直在践行。例如，圣陶学校没有严格的规章制度，因为国家的法律法规和教师职业道德会约束教师，学校没有必要再增加新的条款；圣陶学校没有政教处，没有教导处，因为有检查就有可能有应付，检查和考核是对教师的不信任。事实证明，这样的管理是颇有成效的，学校的老师们会积极主动地工作，至少80%的老师都会真心地为学校的发展出谋划策，圣陶成功成为教育的"桃花源"。

（四）以"诸子"作辅助

韩非子说过："不智而为智者正，不贤而为贤者师。"这对现代教育是很有启发性的。在"以德治校"的同时也要学习并适当利用法家的法制观念。"爱不足以治国，严方能治国。"对学生不仅要有爱，还要用法家思想管理学生、约束学生，让学生知道行为准则是什么。想办精英学校，不可不知《鬼谷子》；学习治校方略，不可不研究《管子》。现在的社会需要诸子百家百花齐放，只有儒、释、道是不行的，还需要其他思想作辅助。

（五）互联网为平台，与时俱进培育现代英才

王校长强调，在互联网时代，学生获取知识非常简单，所以老师不

能再只教知识了。圣陶学校坚持教育回归自然、回归本质，以人为本，与时俱进。但是回归不是复古，而是向经典学习。经典，指有典范性及权威性的、极具价值的作品。教育教学学习传统文化的经典时，要理解经典文化的思想精髓，要传承古圣先贤品德与智慧，更要在传承中发展与创新，与时俱进。

（六）基础教育阶段教学不必人为划分学科

王校长在总结自己近六十年的教育教学实践经验的基础上，提出了"基础教育阶段不必人为地划分学科"的观点，他认为不必分学科（如语文、数学等），学科内也不必分具体的模块（如数学可分为"几何"和"代数"），各年级都不必按现行教材教，应该让知识回归自然、回归本质（在自然界中，在社会生活中，各个学科就不是完全分离的）。例如，北宋哲学家邵雍所作的《山村咏怀》一诗："一去二三里，烟村四五家。亭台六七座，八九十枝花。"这首诗中就既涉及语文，又涉及数学。王校长说他上小学时，老师教学也是不分数学、语文的。"我有一双小小的手，一只手有五个指头，两只手共有十个指头，两只手握起来形成两个小拳头。"这是他上小学的第一课。老师将数学和语文穿插在一起进行教学，学生也将两个学科综合在一起学习，学生完全可以做到利用语文知识去更好地理解数学题目，利用数学思维更好地完成文章的背诵与写作。后来王校长自己教书，也是从小学一直教到高中，"包班教全科"，学生的学习效果也很好。

（七）语文是百科之母

王校长对基础教育阶段知识的研究深入透彻，他将基础教育阶段的知识高度概括为两大类文章，文科是知识性说明文，理科是科技类说明

图2-5　数字"0"带来的丰富一课，这节课中既有数学，又有语文、英
语、化学等学科的知识

文，包括一部分大学的理科知识（如有关量子的论述）都可以被看作
科技说明文。这在教育界鲜有人提及。他认为基础教育阶段应该加强语
文的学习，语文老师应该是全科老师，能教所有学科。例如，他本人在
教数学、物理、化学的时候就是用语文来解读理科知识，他把这种方式
称作"理科文教"。这样的教法，学生学习起来也会比较容易。

1. 加大语文教学力度

语文是百科之母，王校长认为有些学生成绩不理想，看起来是其他
学科学不好，实质上是语文没有学好。例如，有的学生数学成绩差其实
是因为做应用题时题意读不懂，导致最后算出的结果是错误的。他主张
在基础教育阶段加大语文教学力度，把大学语文的内容放到小学教，现
代汉语的内容在小学阶段教完，古代汉语的内容放到初中教。

多年来，王校长的语文教学始终坚持"一诗、一谜、一联、一经
典、一智力游戏"的方法，即一首诗、一条谜语、一副对联、一句经

典或一篇经典文章、一场智力游戏。语文教学的智力游戏是学生们自发组织的对对联、猜谜语、和诗等活动。学生们的语文学习每天都是围绕这些开展的。这样做的效果是圣陶学校虽不刻意教学生识字，但是这里的学生认识的字特别多，一年级和二年级的学生做初中的应用题都不用老师念题。圣陶学校的语文教学也从来不刻意区分小学、初中、高中、大学的内容，而是统一根据大学的知识来教。王校长说，在幼儿园教学生词语的时候，可以把词组与之结合，一起进行教学，还可以在教词组的时候把词性也一起教给他们。现行教材的内容不够完善，汉语的很多基础知识，如语法、规则等都到了大学才教，显然是不够合理的。所以圣陶学校在幼儿园、小学就开始教现代汉语了，在教字、词的同时渗透语法知识。例如，在教"说"这个字时，例句为"他走到我面前说"。这句话中"他"是代词，"说"是动词，把这两点告诉学生后，就可以让他们自己去理解，然后带领他们做一些拓展练习了。可以让他们在句子中间加一些动词，学生们就说出了"他走到我面前对我说""他走到我面前摆了摆手，对我说"等句子；再让他们加一些形容词，就得到了"他走到我面前和蔼地说""他走到我面前气势汹汹地说"等答案。通过这一系列的练习，学生在学习生字的同时，也就不知不觉地把句子、词性、句子成分等内容学会了。教学就是这么简单。

王校长又举了个例子，"在"字因为用法较多，很多老师都认为教起来很复杂，他是这样教的："在"在一个句子里，如果没有其他动词，那么"在"就是动词，如"他在学校""他在不在"等。如果这个句子中除"在"以外还有其他动词，那么就分两种情况。第一种情况，"在"后面紧跟着动词，这时它表示"正在"，做副词，如"他在干什么""他在看书"；第二种情况，"在"后面是代词、名词或介宾短语等，这时"在"就是介词，如"他在教室里看书""他站在马路边"

等。"在"在动词前做状语，在动词后做补语。这样教学生都很容易理解，而且学习这些内容对修改病句、赏析句子都非常有帮助。

语文教师如果只教一些生字，带领学生读读文章、做做题，不教基本常识和基本技能，那么就不是真正的教语文。

2. 语文的"三教""三不教"

很多老师都有这样的困惑：语文到底怎么教？王校长提出语文课堂教学有"三教""三不教"。其中，"三不教"是指语文课本上有的不教，资料上有的不教，互联网上查得到的不教。而"三教"是要教以下内容：（1）教自己的见解、自己的领悟；（2）教身边的花开花落、空中的斗转星移、人间的冷暖变化、国际的风云变幻；（3）教学生智慧，教学生做人或者领悟知识的能力。其中第三点是语文教学的核心。王校长认为语文教学有四个目标：一目十行、过目不忘、出口成章、下笔成文。同时，语文还是教做人。他举了一个例子，李白在《望天门山》中写道："天门中断楚江开，碧水东流至此回。两岸青山相对出，孤帆一片日边来。"王校长在学生理解了诗中字词的意思后告诉他们，这首诗还从侧面说明了一个人生道理——做人要有雄心和抱负，虽然通往成功的路必然是艰难曲折的，但是一旦冲破险关，便会迎来一片坦途。他在教学生字词的同时，更教会了学生做人的道理。

3. 语文的图文记忆法

王天民认为，基础教育阶段虽然文理两类学科知识不做严格区分，但是要各有侧重，要抓住各自的特点，文科的重点是"记"，理科的重点是"悟"。学习语文一定要背课文，而学数学时，要在做题中悟出数学的法则与规律。他在课堂中会引导、鼓励学生一遍就记住课文，一题就悟出规律。为了帮助学生提升记忆效率，王校长在教语文时会运用各种记忆技巧。下面是他用图文记忆法教语文的实例：这堂课的目标是让学生背会朱自清的《春》中关于小草的一段描写："小草偷偷地从地里钻出来，嫩嫩的，绿绿的。园子里，田野里，瞧去，一大片一大片满是的。坐着，躺着，打两个滚儿，踢几脚球，赛几趟跑，捉几回迷藏。风轻悄悄的，草软绵绵的。"王校长在黑板上画出了文中描写的画面，帮助学生快速记忆。通过这个方法，很多学生一遍就记住了这一段描写。对于能快速记住课文内容的学生，王校长会不失时机地表扬他们："你们一遍就记住了，太棒了！"学生们在王校长的课堂上，都是在被鼓励的过程中学会了知识、收获了成长。这就是教育本应该有的状态。

图2-6　朱自清《春》的课堂教学

王天民还结合生活实际给学生们讲解了拥有快速记忆能力的重要性，他以我国外交家代表国家与其他国家外交人员谈判为例，说明了在重要的交际场合，必须做到思路清晰，一遍听清、记住对方的观点并准确地进行回应，否则就容易给国家抹黑。由此可见学习语文一遍背会非常重要。通过这样的教育，孩子们明白了长大以后要为国争光，必须现在练就一身本领。这也是他一直提倡一天背一首诗、一副对联、一个谜语、一句经典的根本原因所在。

4. 分析文章要看它的整体搭配

王校长就语文课的文章分析教学提出的建议是：文章不要只是一句句、一段段地去分析，要从整体上分析它。一篇好文章、一首好诗，有时并不是其中的某一个句子或者某一个段落非常出彩，而是整体搭配非常和谐，可以带给人一种美的享受。所以在教学生进行文章赏析的时候，要多强调整体分析。同时，还可以让学生多读多背一些文章，文章读得多了、背得多了、分析得多了，才能学习到、感受到更多的技巧，才能更好地把它运用到自己的写作中，才能做到"下笔成文"。

5. 四步骤助力学生下笔成文

学生在初写作文或日记时，往往不知如何下手。王校长认为对于这些学生，首先要具备的是较强的观察联想能力。为培养学生的观察联想能力，开拓学生的思路，王天民摸索了提高观察联想能力训练法，这个训练法是由模仿到创造的模式，分为四步：第一步，观察联想；第二步，示范训练；第三步，仿照练习；第四步，破模创新。

（1）观察联想

王校长把它归纳为以下四个环节：

①过去与未来

从被观察事物的过去和未来的角度联想、思考、分析。众所周知，河南省的主要农作物是小麦，学生们对麦苗很熟悉，王天民就用麦苗举例，在春天，让学生观察麦苗，一步步引发他们的思考，写出相应的句子。例如，在联想到麦苗的过去时，可以写道："三月的麦苗，经历了已经过去的冬季，冬季的严寒不但没有磨灭麦苗的意志，反而促使麦苗把根须更深地扎入泥土之中。"在联想到麦苗的未来时，可以写道："麦苗啊，等到即将成熟时再来看你，你将长得高高的，脱去绿装，换上金黄的外衣。"

②性质与功能

从被观察物的性质与功能方面联想，麦苗有着植物的共性，春生、夏长、秋收、冬藏；麦苗也有自己的个性，冬麦的麦苗可以经历严冬的考验。因此，可以写道："你利用自己的绿色工厂在天地间摄取原料，为人类制造食粮。由你生产出的面粉将被运到城镇，送到边疆……"

③类比与对比

从被观察事物和其他事物类比与对比方面联想。一方面与同类事物正反比较，比如，"春天的麦苗外表，虽然没有牡丹那样娇艳，不能引来凤蝶飞舞，却散发出一种朴实的清香，令我们这些农家孩子陶醉"。另一方面与异类事物的相似比较，例如，"虽然现在已到三月，春暖花开，但在麦苗老叶的边缘和尖头上还留着严冬的痕迹和黄褐色的伤疤，人们常说，度过严冬的人方知道春天的温暖，大概麦苗也是这样吧，你看那些已经泛青的叶子正在迎风舞动，仿佛正向我们点头微笑呢"。

④时间活动及与自己的关系

从事物与观察者的关系以及回忆、展望角度联想。如在回忆往事时，可以写道："麦苗啊，你还记得吧，去年冬天我曾和妈妈一起给你施过肥呢。"展望将来，可以写道："我长大了一定要当个小麦专家，让所有的小麦都长得更快更好，成倍地提高产量。"

观察联想四环节，是为了使思维条理化而划分的，它是进行观察联想时思维的四个方向，其实这四个环节之间是有内在联系的，是不可分割的。

对于初学者如何利用观察联想写出好文章，王校长给出的建议是：写文章时四个方面不能面面俱到，要根据观察物的特征和观察者的感受而有所侧重，例如，写《蒲公英》，可重点从功能的角度联想，写它对人类的贡献；写《我的奖状》，可重点从回忆的角度联想，写作者努力学习的历程；写《操场上的一副篮球架》，可从对比、类比的角度联想，写两个篮球架像一对好朋友，表现人们生活中的某种哲理。

（2）示范训练

即老师任意指定一事物，提出观察联想模式，学生根据老师的指导和示范进行练习。首先教师做示范，即兴有条理地说出自己的联想，使学生进一步熟悉观察联想四环节的应用。然后学生进行模仿。例如，三月的春天，阳光和煦，微风轻拂。老师可以带领学生们走进大自然，站在一片青绿的麦地边，学生们边观察，边按老师的指导进行联想，并及时把自己的联想整理好，记在本子上，最终形成自己的作品。

（3）仿照练习

仿照练习是指学生自由选择一个事物，最好一开始选择与老师示范的事物（麦苗）相似之物进行练习，模仿老师的观察、联想和思考，写出自己的观察、联想与思考。熟练之后再练习与示范物不同之物（动物、器具、建筑等）的写作。

（4）破模创新

王校长强调，模仿是人们学习和掌握各种技术的重要途径，就像武术家的套路和书法家刚刚提笔时的描红那样。同时他又指出模仿只是手段，进行创新才是目的。所以，他要求学生在进行了一定的基础练习后，要勇于打破"观察联想四环节"的模式，不断进行创造性练习，逐渐进入写作佳境。

（八）老师做"唐僧"，学生做"孙悟空"

王校长认为中华文明是中国教育的源头活水，每一位教师都应被中华文明的源头活水滋养。老师们要向经典学习，学习圣贤的思想精髓，并把它用在自己的教育教学中。在圣陶学校，王校长把学习中华传统文化纳入教师日常工作。

圣陶教育最主要的特征就是老师不教知识教智慧。王天民在不同场合都强调过《道德经》中的"大音希声""大智若愚""大巧若拙"三句话和《西游记》中唐三藏的做法对于成为一名优秀教师的借鉴意义。他要求圣陶学校的老师要做唐三藏，学生要做孙悟空。学生遇到学习中的难题（"妖怪"）时，不要问老师，要自己想办法，而老师面对学生的提问，一定要懂装不懂，让学生学会自己思考、自己解决难题。

王校长还特别告诫老师们，千万不要问学生懂不懂，理解不理解。只问学生知道不知道，记住没记住。因为懂是要用心悟的，有时不是在课堂上就能做到的，学生需要慢慢体会。

（九）第三种教学关系

多年来，中国的教育在不断发展的过程中，也在尝试创新与改革，教学关系从第一种以"教"为中心，教师教学生学，体现为"先教后学"；第二种以"学"为中心，由教师教过渡到学生学，现在多数学校的教学关系都是第二种。从"教师教"过渡到"学生学"，体现为"先学后教"，但是这时的"学"，多数是在"师"的施压下的"学"，非自觉、自主的学习。无论是第一种还是第二种，"学"与"教"都是二元对立的。

2016年，《中国教师报》对王天民校长提出的第三种教学关系进行了报道，这一观点一经提出便引发了很多人的思考。那么，这第三种教学关系是什么呢？王校长这样描述这种关系："师非师，生非生；师亦是生，生亦是师；是无中心也是多中心的关系。"在这种教学关系中，不仅是老师教学生，也可以是学生教老师，学生在智能应用上的技能普遍比老师强，他们在互联网上学了新的知识就可以来教老师，师生共学可以被称为"生生关系"，师生共研可以被称为"师师关系"。

这样的关系没有绝对的权威，学生被平等地对待。这种合于"道"的关系便有了无限的生机，学生们的好奇心、求知欲、探究欲，乃至各种奇思妙想被激活，学生的自主学习真正发生了。来自北京的李鑫磊老师是这样描述的："来到圣陶学校后，我随着人流走进了教室，进门那一霎看到的景象深深地触动了我。教室里没有教师，都是学生。他们几个人聚在一起，正在讨论问题。真正令我惊讶的并非孩子们正在学习超出他们年龄的知识，而是我站在他们身边近 10 分钟，竟然被他们视作空气。随后，我遍访学校每间教室，基本上都是这样的场景。"

王校长说："互联网出现了，第三种关系也出现了，这是历史的必然。老师教书的功能大大降低了，育人的功能增强了。教师教做人，学生自学文，学生自己学文的时代已经到来了。"

（十）课堂教学的经典做法

王校长说有一道几年前的语文高考作文题和他的观点相同，作文题是这样的：自然保护区立了很多牌子，牌子上写着：请游人不要投食物给野生动物，否则会影响它们的觅食能力。将它与师生关系相结合，可以理解为：请老师千万不要给学生讲解知识，否则将影响到学生的自学能力。很多老师没有悟到这样的道理，在课堂上一味地讲知识点，学生学会的通常也只是知识点本身，而不是自己获取知识的方法。舍本逐

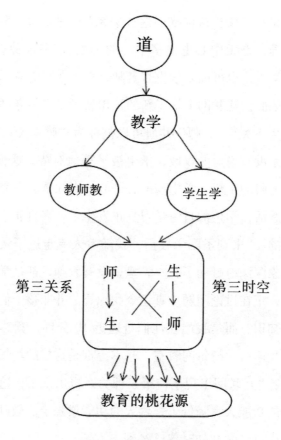

图 2-7 第三种教学关系

末，这是目前很多学校教育最大的问题。

圣陶学校课堂教学的经典做法是"一句不教，全班都会"和"没有差生"。如何做到这两点呢？首先，圣陶学校不以现行教材为主，而是采用圣陶学校自编的学习材料。这些材料是遵循学科知识体系自身的逻辑编写整理的，形式上由高到低，内容上由低到高，一切回归自然。其次，大道至简，王校长提出的"一句不教，全班都会"教学法很简单，一堂课一般只进行三五分钟的教学，两三句话就结束了。他要求圣陶学校的老师对一个知识点的讲解不超过五句话，超过五句话的就是不合格的老师。但是不教不是不写，重要的内容可以在黑板上、幻灯片中呈现出来。教不是讲概念、讲定义、讲性质，教体现在眼神中、问话中、手势中。最后，圣陶学校的教学坚决贯彻"六无""两空""两句话"。"六无"是无教材、无预习、无练习册、无笔记、无试卷、无作业。"两空"是从来不拿教案，从来不拿教材，两手空空地进教室。"两句话"分别是记在脑子里的是财富、记在笔记上的是负担。

图2-8 王天民向来圣陶学校参观学习的校长和老师们分享他的圣陶教育

几乎每天都有来圣陶学校参观学习的老师，王校长每次都会毫无保留地分享他的教学成果。他不仅仅做专题分享，而且邀请每位来访老师走进他的课堂，现场观摩他完全颠覆了常规的课堂教学。

笔者曾多次走进王校长的课堂进行观摩，有一次，他正在给小学生讲"相反数"。他先在黑板上画一条数轴，然后指着数轴上的数字，只问了两句话就让学生学会了这个知识点。他先问："-1的相反数是几?"学生回答："1。"他又问："-3的相反数是几?"学生回答："3。"仅用两句话，学生们就理解了"相反数"的意义。接下来学生们开始做全国各地的中考题，据笔者观察，几乎没有孩子不会做的。试想，一个小学二三年级的小学生，通过老师的两句问话，就可以做全国各地的中考题，对他们的自信心的提升该有多大！长此以往，他们的自信心会越来越足，在学习上攻克了难题，也会增强他们在生活上克服困难的勇气。

王校长认为即使是一年级的学生也可以学习无理数和有理数比大小，只要学生会乘法口诀就能学会无理数，并不需要给他们讲概念。首先，他还是画了一个数轴，指着数轴上的"2"问学生："这是几?"学生回答："2。"他又指着"3"问："这是几?"学生回答："3。"然后他在黑板上写了一个"$\sqrt{7}$"，问学生这个数在哪两个数之间。见有的同学想不明白，他就在数字"2"的上方写上了"$\sqrt{4}$"，在数字"3"的上方写上了"$\sqrt{9}$"，通过这样简单明了的展示，很多同学都恍然大悟，立刻答出"$\sqrt{7}$"是在 2 和 3 两个数之间。

图 2-9 学生们在课堂上直接做中考题

王校长在给学生们讲开平方知识点时，还用学生们都熟悉的生活经历做例子，他形象地把平方根的符号比作候车大厅，把二次方比作车票，例如，$\sqrt{4^2}$，根号里的二次方是"车票"，有"车票"可以从候车大厅出来，即有"车票"的这个数就可以从根号里开出来了，如$\sqrt{4^2}=4$；没"车票"的数，例如，$\sqrt{2}$，因为根号里的2没有"车票"，就不能出来"上车"了，只能在"候车大厅"里面。这种生动形象的比喻能够帮助学生记忆和领会，王校长把它称作记忆密码，他说智慧密码不能教，但是记忆密码老师是可以教给学生的。

王天民既擅长用图形法、图像法把复杂的数学问题简单化，又创造性地把重点内容编成学习顺口溜，既新奇又简单易学，学生们在学习中可以获得乐趣、获得自信，这样的学习学生们怎能不喜欢！他自编的学习顺口溜非常多，例如，他在教一元二次方程和函数时，会用平面直角坐标系图像法，把正比例函数、反比例函数、二次函数、一元二次方程都教给学生，这时他就告诉学生们："平面直角坐标系是个筐，样样东西都可以装。"学习一元二次不等式时，他自编的顺口溜是："解一元二次不等式，我有一把金钥匙，一个钥匙四个齿，'正解图判'四个字。"

王天民的课堂提问方式也是多种多样的，如果是选择题，他通常让孩子们利用举左右手来一起回答，左手举起放在桌子上是选择A，完全举起是选择B，右手举起放在桌子上是选择C，完全举起是选择D。学生全体参与其中，一方面可以激发学生的学习积极性，自然而然地让学生把注意力集中到课堂上；另一方面老师可以随时掌握每一个学生的学习状态，便于照顾到每一个学生。如果是填空题或者是判断题，王天民习惯和同学们说："会的同学请举手。但是知道答案的同学不要说出

图2-10 王天民把自己编的解一元二次不等式的顺口溜写在黑板上

来，可以悄悄跟我说，或写给我看，不能替其他同学回答。"他说，假如会的学生直接说出了正确答案，那么不会的学生就失去了思考的机会，失去了一次掌握这个知识点的机会，要"静待花开"，要让每个同学都通过自己的思考悟出正确答案。王天民对于课堂上大胆回答问题，但回答的结果不一定正确的同学，有特别的奖励，如果一名学生并不会做这道题，说出了错误的答案，也不会批评他，反而给他更多的鼓励（例如，给答对的学生加一分，但是给答错的同学加四分），因为在对答案没有把握的情况下敢于说出自己的看法是有勇气的表现，就应该鼓励他。"一句不教"是不教概念，老师需要教的是数学思想和数学思维。

（十一）教是"术"，悟是"道"

王校长把每一个知识点背后的规律、法则定义称为"智慧密码"，激发学生们的好奇心，吸引他们的注意力。他说"智慧密码"是学生自己悟得的，不是老师教的。

很多老师课堂教学通常做法是，先教概念、定义，然后是讲性质、定理，最后应用。王校长不讲概念，他认为概念是知识中的"道"，是无法真正讲清楚的，也不应该是老师教授给学生的，而应该是学生在学习的过程中自己悟得的。例如，他教化学氧化还原反应知识点时，不是一上来就讲氧化还原反应的概念是什么，而是在黑板上把氧化还原反应形象地用图表示出来。他在黑板上画了一幅物质在太阳与大地之间运动的图，用距离太阳的远近表示物质发生氧化还原反应时化合价改变的过程，有的物质从地面升高到太阳附近了，被太阳晒化了，是氧化反应，化合价升高；有的物质从太阳附近回到地面，被还原了，化合价降低，

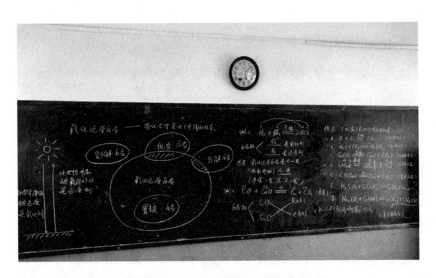

图 2-11　王天民上氧化还原反应课

称作还原反应。整个过程发生了化学反应，而且有的物质被氧化，化合价升高；有的物质被还原，化合价降低。学生们很容易就悟出了氧化还原反应的概念，既容易理解，又容易记忆。从中不难看出王校长在教理科知识时，采取的做法是不断引导学生悟规律、悟法则、悟概念。他再三强调，老师在"教"的时候，学生在被动地听和记，而老师"不教"，学生才会主动求索，才能自己悟出"道"，进一步提升自己的学习能力。学生学习，不仅是要学习某一个或一些知识点，更要理解它并利用它进一步研究问题，要做到举一反三，要能做到学会一个知识点，解决一类问题，甚至可以自己总结归纳出概念。

（十二）学生健康阳光最重要

王校长在与其他校长、老师探讨学生管理问题时说："圣陶学校不仅对老师的管理是无为而治，对学生的管理也是一样的。圣陶学校评价学生只看三个问题：第一，学生身体是否健康，身体健康永远是最重要的。第二，学生是否阳光。可以观察一下他们幸福不幸福、笑脸多不多。第三，学生是否拥有正能量。评价一个人，不只是看他学识是否渊博，还要看他是否浑身上下充满积极向上的正能量。"

1. 学生是老师的一面镜子

王天民看到有些老师教育学生时像批改作业和评判试卷那样，总是爱挑学生的缺点和不足，错误地认为，指出了学生的缺点，他们就能像改错那样，改正自己的缺点，进而成为国家的栋梁之材。但是王校长却不这么认为，他说："我看我们的学生，看不到缺点，或者很少看到缺点，我看周围的人也是这样。要戴着玫瑰色的眼镜看世界，别戴着墨色眼镜看世界。学生就是老师的一面镜子，你看他笑，那就是你在笑。不仅是学生，同事、家人也是自己的一面镜子。"只要看见学生笑，他就高兴，然后会笑着问学生："今天学到哪儿了？有什么困难？需不需要我帮助？"学生见到他的笑容、听到他对他们的关心会更开心，会更有学习的动力。

2. 另类评价

圣陶学校有考试，但是从不用考试评价学生。王校长认为如果用考试评价学生，那么一考试就会有评比，学生之间就会有差距，考得好的就骄傲，考得差的就灰心。"所以我有更奇特的评价方式，不按成绩统一评价，不用同一把'尺子'衡量学生，而是按个人努力程度或进步幅度对他们进行评价。例如，某个学生字写得不好，但是今天比昨天进步了，那么就可以给他一个 100 分；另一个学生字写得还不错，但是并没有进步，那么可能就会得到 80 分。我没有统一的评价标准，不同的人采用不同的模式，这是我从古代圣贤身上学到的方法。孔子就主张因材施教、因人而异。他的徒弟问他'何为仁'时，孔子给每个人的答案都不一样。因材施教，才能人人都受益，人人都快乐地学习。"

二、与公益界人士谈教育

2017 年 7 月，王天民校长带领圣陶学校的部分老师和学生代表，到河北省秦皇岛市龙腾学校做了为期一个月的讲学。其间，与邵青[①]、申学东[②]等人谈教育时，王校长说他办学是为了传承中华文明的思想，

---

① 邵青，北京博顿崇德公益基金会董事长。
② 申学东，河北省秦皇岛市龙腾学校董事长，北京博顿崇德公益基金会理事。

是为了帮助那些精神贫困的学生。

（一）"精神扶贫"

王校长说："申校长一直在救助无人照顾的困难儿童，让他们在你们学校生活学习，带领他们成长，这非常有意义。但是，现在其实有很多学生并不是因为家庭经济困难才辍学的，有一些人初中或者小学没上完就不上了，因为他们觉得学不会那些知识。所以辍学儿童的帮扶还应该从经济困难以外的其他方面加以考虑。

"我自己办学是在做精神扶贫。圣陶学校的学生基本上都是山区贫困生，这所学校基本是公益性质的。可能咱们办学的方式不尽相同，但是殊途同归，都是为了学生。很多学生辍学的主要原因都是精神贫困。首先，他们厌学，然后慢慢就从厌学发展为辍学。这里边有社会原因，比如，目前电子产品和网络的诱惑，还有目前一些人宣扬的'读书无用论''学习无用论'，这些都是部分学生厌学、辍学的原因。"

"那么，应该怎样帮助孩子们呢？我认为要用传统文化思想去教导学生，用传统文化精神去引导学生，让他们拥有更美好的前程。这种教学的核心是做人的智慧，我教学时的重点就是这一点，老师的几句话就可能改变学生的一生。圣陶有一些被其他学校开除的、让家长非常苦恼的学生，他们中的一些人经过几年的教育，有的正在上大学，有的已经大学毕业就业了，有的在经商。本来都是贫困儿童，而且是精神贫困儿童，现在都成了自立自强的人。为了帮助精神贫困儿童，我付出了巨大的努力，58 年如一日，教学 58 年，刻苦钻研 58 年，不仅钻研如何教学，更重要的是钻研如何育人。我把它叫作'精神扶贫'。"

（二）经典用于教育实践

圣陶教育在基础教育界引起了很大的反响，这与王校长的努力是分不开的。他在 1983 年就被评为全国优秀班主任、语文特级教师，还曾连续五年获得汝阳县教育贡献奖，这为他后来的教学改革创造了较好的政策和宽松的环境。他一直坚持按照中国式的传统教育方式进行教学，获得良好的效果。当被问及是什么对他做教育的方式产生了这么大的影响时，王校长说："对教育的不同解读是源于我从小熟读的'四书五经'。我一直潜心研究诸子百家的著作，包括《易经》《论语》《老子》，也包括《韩非子》《管子》《鬼谷子》等。研究一辈子，也践行一辈子。我将它们用于教育教学，所以总结出了一套属于圣陶学校的独特的教育理念和教学模式。2016 年，我开始跟外界频繁交流，交流得多了，这种教育理念也就传播得越来越广了，目前全国已经有 27 个省区市的 1000 多所学校派老师来圣陶进行过交流学习了。"

（三）践行不同的教育模式

王校长介绍圣陶学校的时候说："圣陶学校是教育的桃花源。圣陶学校成立十几年了，学生们学习非常自由、轻松，每天都很快乐。学生不用写作业，老师也不用改作业。这就是为什么很多学校的老师去圣陶交流学习，因为这样的学习模式学生们感觉特别轻松，而且学习效果也非常好。现在圣陶学校的学生，小学一年级就能做一部分中考题；三年级、四年级开始学习初中的数学、物理、化学，我们不用教材，也没有练习册和作业，只把最核心的内容教给学生。这次我们不仅有老师来了秦皇岛龙腾学校，还来了一部分四年级、五年级、六年级的学生，带动龙腾学校的学生一起按照圣陶学校的学习模式学习。四年级学习内容作为这次学习的知识起点，一个知识点最多给学生举三个例子。一句不教，学生就能自学，能做中考题。圣陶教育与教学是一套完整的体系，是完全按照学生特点及知识自身逻辑构建的完整的教育教学体系。初中数学、物理、化学的每个知识点，都可以一句不教，就能引领学生学会。而且学生不分年级、不分年龄，小学的学生也能直接从初三的内容学起。"

（四）圣陶教育是传承中华文明的教育

王校长说："学习西方可以，但是不能完全抛弃中华传统文化，特别是孔子、老子的思想，华夏五千年文明必须传承。我父亲在做老师的时候就提出过这一观点，我也一直在践行着这一点，在教授一些西方的知识的同时，不忘将传统文化中的精华传授给学生。

"目前很多学校的教学重点是品德、才能、学识和身体这四点，目的是把学生培养成身强体壮、德才兼备的人，但是他们忽略了另外一个很重要的内容——'道'，也就是智慧。近几十年，多数人都在研究的是'德'，很少有人去研究'道'。但是，'德'只是表象，是知识、学问、方法，而'道'才是实质，是认识世界、感知世界的能力。教学也要教'道'，即教学生如何'会学'知识，而不是'学会'知识。圣陶学校就一直秉持着对中华传统文化思想精髓的传承，因为教育本质都在其中。"

三、与专家学者谈教育

王天民和来圣陶学校参观学习的专家学者们，谈他的教育梦想，谈他对目前教育存在的问题的担忧和思考。他认为教育需要一场变革，教育必须回归自然，他一直在做这样的改革实验，也已经取得了一些成果。他诚邀来访专家们走进他的课堂，实地考察圣陶学校的教育教学，专家学者们被圣陶学校的颠覆又回归式教育教学触动，对于圣陶的教育教学改革给予了高度的评价。以下是王校长以及各专家学者的一些观点，其中第一、二两部分是王校长论述的他关于教育的观点；第三、四两部分为王校长和梁春晓①、曾红颖②关于教育的讨论；第五至第九部分为梁春晓、曾红颖在观摩了王校长的课堂后的一些感受。

（一）教育需要一场变革

王校长说："现在的教育、教学都出现了一些问题，例如，在教学进度安排方面，圣陶学校的学生一年级就开始接触化学了，为什么这样做？因为按现行体制，学生初三开始才学化学，但是这时他们要同时学的课程有 7 门，将来还可能更多，而初中的化学课共计 70 个课时，在如此大的学业压力之下，他们怎么能学好？学生因跟不上进度而失去学习信心的现象非常严重。汝阳县曾做过统计，全县最好的学校中考化学科目的平均分都没有及格，为什么？因为时间太紧张了。

"教材也需要变革。现在学生的实际情况已与以前有了很大不同，很多幼儿园的学生 100 以内的加减法都会做了，但是目前小学的教材仍是在一年级第一学期才开始学 20 以内加减法，与学生现状脱节的情况非常严重。在这种情况下，还有很多老师认为一定要按教材所列的顺序进行教学，不能随意改变。其实不然，完全可以把高中的知识引入初中，把初中的知识引入小学，按知识自身的逻辑进行教学，不必完全拘

---

① 梁春晓，盘古智库学术委员会主任、老龄社会研究中心主任，信息社会 50 人论坛、老龄社会 30 人论坛理事。
② 曾红颖，中国宏观经济研究院研究员。

泥于教材。

"教育需要一场变革。只有进行了教材改革、教学体制改革，中国的教育才能更好地发展。但是改革不可强求，它应该是自然而然地发生的。"

（二）教育必须回归自然

王校长认为，教育必须回归自然，这是根本，也是方向。教学也必须与生活紧密相连，因为离开根本的教育不是教育，也无法适应未来社会的发展。

他说："圣陶学校让幼儿园的学生学正负数，为什么？因为'自然'，因为这是生活中就能接触到的东西，例如，看天气预报的时候。只要是生活中有的，学生们接触得到的，老师完全可以大胆教。大家刚刚在课堂上也看到了，幼儿园的学生们完全可以做开方和幂的运算，二

图 2-12　幼儿园的学生们在做开方和幂的运算

年级学生也完全可以学习物理、化学变化等，而且都是一看就懂，不教就会，学生学习的潜力其实比我们想象的大得多。圣陶学校的学生一年级就可以把初中的实数计算学完，四年级就可以把初中的数学课程学完。《中国教师报》报道后，很多学校的校长都带着老师、学生来一起学习，都感到不可思议。我们曾经让三年级学生与其他学校初一、初二年级的学生一起参加过考试，他们的成绩比很多初一、初二年级的学生还要好。有一次，让五年级学生参加全县统考，结果他们的平均分比有的学校初二年级学生的平均分高了50分，可见圣陶的教育是卓有成效的。还有一个很典型的例子，有一个外地学生，曾经被四五个学校开除，后来家长就带他来到了圣陶学校。通过在这里的学习，他考上了高中，最终还考上了理想的大学。所以教育一定要回归自然，这样才能获得更好的效果。"

图 2-13　三年级学生在学三角函数、二元一次方程组

（三）教育桃花源 or 教育小镇

梁春晓："您未来最想做的是什么？"

王天民："最想做的就是教育的桃花源，通过教育改变社会，让中国振兴起来。"

梁春晓："再说得具体一些呢？"

王天民："最具体方向就是建教育小镇或是乡贤书院，中西结合的乡贤书院。这是我目前最想办的。教育小镇有四个功能，第一个是培训功能。教育小镇建成之后就有条件来开展大规模培训了，现在也有很多人想来交流学习，不光河南省内，外省也有很多校长、老师、学生过来，例如，山东聊城、菏泽、枣庄的学校，河北邯郸、四川广元的学校等。来的次数比较多的是安徽蒙城的汇贤中学，戴校长每次都带着老师和学生一起来，已经来过五次了，每次来十天，带四五个老师和三十个学生。"

梁春晓："他们来的时候是谁讲课？都是您讲课吗？"

王天民："对。"

梁春晓："那您真的很累。"

王天民："我并没有感觉累。我就想把中华文化、圣贤思想传承下去，先以安徽的一所学校为范例；四川广元的一所学校是四川省的范例；山东省现在已经有很多范例了，聊城的学校、菏泽的学校、枣庄的学校等；河北有两个范例；河南省内比较多一些，现在基本上22个省市都有。圣陶学校首先要建一个培训基地，其次是要建游学基地，全国各地的学生都需要游学，无论是学习好的还是学习差的，读万卷书，行万里路。再次要建立一个科研基地，把圣陶教育通过网络、以网课的形式传播到全国各地甚至海外。最后还要建立一个智慧校园。"

曾红颖："我觉得建设游学基地这个提议很好。现在国家提倡让学生们在实践中开阔眼界，教育部也出台了鼓励游学的规定。但是目前的游学项目还不够丰富，圣陶学校既有乡村环境和传统思想，又有现代教育内容和更快乐、更高效、更自觉的学习方式，更有丰富的游学项目内容，建设成游学基地，一方面可以拓展圣陶学校的发展空间，另一方面也可以为全国游学起到示范作用。"

关于为何会有"教育桃花源"这一设想，王校长是这么回答的："中华文化这么博大精深，中国的教育就是践行圣贤的思想，《老子》的第80章就是讲桃花源。陶渊明的《桃花源记》也是一个桃花源。我认为学校应该成为教育的桃花源，让每个学生都能轻松、快乐地学习……"

（四）圣陶教育是发现和继承经典的实践成果

梁春晓："现在我们想了解您的教育思想和您的教学方法，有完整的著作或材料介绍吗？有没有口诀、心得等。"

王天民："没有。因为圣陶教育模式是流动的空气和水，它是在不断发展的。现在写出来，明天可能就会变。同时，圣陶教育思想，是从古代的经典中发现继承的，从古今中外的教育中、历史实践中发现和传承的，不是我一个人的，我不敢独树一帜。圣陶教育思想融合了老子、孔子、孟子的思想，也包含《易经》《管子》《鬼谷子》等书中的内容。只能说我是传教士一样的人，把它们传播了出去。"

梁春晓："我们不一定为自己树碑立传。如果有老师想了解一下圣陶教育思想，学习学习，那只能到这儿来听您讲课吗？"

王天民："听我讲也可以，读经典也可以。到圣陶来学习交流的老师最好带上学生，这些老师观摩完我的课、听完我讲的内容后要自己进行教学，这是一个实践的过程。写出来的东西是固定的，只看一看书上的内容、听一听讲解是学不会的，必须亲自带着学生走进课堂进行实践。就像打乒乓球，只听教练讲是学不会的，必须亲自实践。"

梁春晓："学习和实践其实在一起不矛盾。"

图 2-14　教育桃花源——圣陶学校一角

王天民："不矛盾。"

梁春晓："修炼是必需的，但是经历是必要的，是吗？"

王天民："是的。其实我的观点不算是经典，所以要读还应该读经典，《易经》《论语》《孟子》《老子》等，但是更重要的还是实践。我可以给大家分享一则小故事：齐桓公有一次让一个名字叫轮扁的人制作车轮，这个人做车轮的时候，齐桓公就在堂上读书。轮扁问齐桓公读的是什么书，齐桓公说读的是圣贤之书。轮扁又问他说读那些糟粕做什么，齐桓公反问他为什么说圣贤之书、经典之书是糟粕，轮扁回答：'我是从我做的事情看出来的。制作车轮时，榫头做得过宽过紧都不行，要么会影响使用，要么会影响下一步制作。我做得不宽不紧，做出来的东西正符合心中摸索出的规律，这种规律是说不出来的，只能靠实践。做车轮的工序都写在了书上，但是并不是每个人都做得好，因为实际做车轮时需要手力和眼力的配合，这是无法从书本学到的，只能从实践中获得。经典也是一样的，古代人和他们所不能言传的东西都一起死去了，您读的书不过就是他们留下的糟粕罢了！'所以，光读经典是远远不够的，不是每一个读过经典的人都能成为圣贤，因为读完之后还要有悟的过程。读了《老子》《论语》《孟子》，如果不悟，也无法真正理解先贤的观点。圣陶的教育理念也是我通过不断感悟和实践，从中国传统文化的精华中继承而来的……"

（五）重新认识知识的存在

梁春晓："我昨天下午跟王校长聊了很多，也听了他讲的课，感觉耳目一新，这些内容恐怕是我们这么多年在教育或者学习领域都未曾接触过的。我第一特别深的感受是王校长的课堂教学让我对整个知识体系的结构、分类以及学习的路径都有了新的认识。现在很多人的大脑都像计算机一样被格式化了，被工业时代的一套套框架体系格式化了。一谈到知识，就会想到数理化、天地生、文史哲，会把它们分类，到图书馆查资料也是按这个分类来的。我们上小学、中学、大学都是一个学期接着一个学期学下来的。

"我们认为这样的分类一直都有，并且会永远存在。其实不是这样的，这样的知识分类体系在中国，最多也只有 120 年的历史。清朝末年之前在中国谈到知识体系，首先想到的是经、史、子、集体系，而不是数理化、天地生、文史哲。目前的互联网行业也在讨论一个问题，即公司还会再存在下去吗？大家觉得公司怎么会不存在？我说对不起，公司也是工业时代的产物，在全世界不过就是两三百年的历史。我们今天看到的很多东西，在全世界范围之内，都只有两三百年的历史，在中国可能只有一百多年的历史，它不是自古就有的，也未必会永远存在下去。但是今天我接触到的整个关于知识体系的问题及其分类问题，这是一个比公司会不会存在更重要的问题。在圣陶学校，王校长给我们展示了另外一种可能性，那就是完全可以用另外的方式来重新理解知识的存在、知识的架构。用一种完全打破现有的学科分类的方式来进行知识的学习。"

（六）完全不同的学习路径

梁春晓："第二个感受，今天王校长给我们展示了完全不同的课堂。传统的课堂总是先讲定义、概念，再讲一般性，在讲一般性时会举几个例子。但是王校长的课堂，一开始就讲非常具体的东西，从具体的东西中激发学生的学习兴趣，促使他们将知识点和日常生活进行连接，通过这种连接释放出他的整个能力，这是一种完全不同的学习路径。以物理学方面的论文为例，比如，爱因斯坦的论文，这些论文所呈现的内容都是非常理性的，是从假设出发、从概念出发的，然后再进行推理，其实这个过程跟爱因斯坦当年发现相对论的过程完全不一样。这种论文呈现的方式，给我们了一种误导，以为所有的认知都是这样来的，从概念到一般性，然后再将其进行对比。但是，事实不是这样的，科学研究的原理也不是这样的。科学研究的原理恰好是想象力，恰好是非理性的感性事物，真正启发爱因斯坦的是他在马车上的一种想象力、一种感觉，可是最后论文呈现出来的内容恰好是反过来的。刚才王校长给我们上了一堂演示课，让我的感触非常深。我们面对的教育对象是小学生，他们的认知结构其实和成年人是完全不一样的，他们没有被现在常见的学科分类束缚，所以可以自由地去选择他们想要学习的内容，无论这些知识属于哪个学科、哪个层级。而且，事实证明这样的学习效果非常好，学生甚至可以自己从具体的内容中总结出一般性规律。我觉得这堂课引发了我特别深刻的思考。"

（七）自信心的释放

梁春晓："第三个感受，我注意到圣陶学校的学生很自信、很阳光。但是，像我们这个年龄的人，很多人从小到大受到的教育都是：你这个不懂，那个也不懂，你得好好学。我们从小自信心就处于被压抑的状态，没有圣陶的学生们的这种自信心。无法想象，我是个三年级的学生，从来没有学过化学，但是在上了王校长的一堂课后，我可以自信地告诉别人，什么是物理变化，什么是化学变化，空气的组成是什么。即使我知道这些问题的答案，我也不敢说出口。但是在圣陶学校，你可以看到学生们的一种自信心，这种自信心的养成就在于一点一滴的释放。今天这些学生的自信，我相信绝不仅仅是因为这堂课，而是长期的教育的结果。他们敢于举手，敢于大胆猜想，老师们也鼓励学生表达自己的想法，甚至鼓励他们犯错误，以这种方式不断培养他们的自信心。我认为让学生的自信心释放，比让他们以其他方式学习更好。"

（八）传统精髓用在教育领域

曾红颖："圣陶的教育理念、教育方法、教育革命，源于对中国传统文化的传承。我是在观摩过王校长的课堂并和他深度交流过之后，才对中国经典文化有了更深刻的认识的。最近在王校长教育实践的感召下，我开始读《老子》和《易经》，读书的过程中我也思考了很多问题。其中一个重要的问题是什么是中国的文化的源头？中国文化博大精深，有确切文字记载的历史就有几千年。王校长用其一生的教育实践，践行传统，成绩斐然，为我们理解传统文化的精髓提供了信念支撑。他一直强调，圣陶所做的这些，是把传统文化的精髓应用在教育领域里的实践。圣陶实践证明，我们中国传统文化中的精华具有跨时代属性，在当代同样有很高的应用价值。"

（九）圣陶教育的颠覆

梁春晓："我们正好是处于大变革时期，中国现在就是这样，全世界都是这样。第一，在这个时代，你会发现目前的一些方法用在下一代身上就不那么有效了，因为整个世界都处于不断的变化中。所以这个时代我们要考虑的变化可能不是枝枝节节的'术'上的变化、细节的变化和某些小的方法上的变化，而是整个时代的变化。第二，最重要的是还要考虑人的整个认知结构，这是非常重要的一件事，要从这个角度出发去思考我们这个时代有什么变化。显而易见，这个时代哪怕是一些乡村的学生，知识储备量都可能远远超过 20 年前、30 年前城市里的学生，因为他本身所拥有的信息和知识的基础跟以前是完全不同的。除了学生不同，他们的父母也不同，教师也不同，整个社会都完全不同了。但是我们的教学方法和理念还停留在 30 年前，没有大的变化。第三，生活环境也不一样。他们现在接触的东西跟以前都是不同的，现在我们书本上的一些内容，很多学生可能在很早以前就接触过，书本上的知识是他们早就了解了的东西。

　　"圣陶教育这方面的实践，是一个大的颠覆。这个颠覆不是凭空而来的，它在某种程度还带有回归的性质。这是一种什么样的概念？我们现在所说的变化通常是指从工业时代到信息时代的转型，但信息时代又在某种程度上再现了农业时代的东西。所以它是一种回归，它既是对工业时代的一种颠覆，又是向农业时代的一种回归，这两个东西是同时并存的。工业时代的特点是什么样的呢？就像刚才王校长不断强调的，我们以前总是把知识分等级，哪个年级学哪些内容都是固定的，但是其实年级也是一种工业时代标准化的东西，现在应该有所改变了。工业时代肯定是人类历史上的一个巨大的进步，这个进步表现在教育上是使人类第一次有条件实现大规模的教育，能够使全民接受教育。但是其带来的各类事物的标准化也抹杀了很多人的个性，工业时代的教育是大规模、标准化的教育，所以产生了现在的标准教材、标准班级、标准老师、标准考试等。那么农业时代的特征是什么呢？农业时代的特征是小规模的，但是是个性化的。

　　"工业时代的变化，使小规模、个性化的教育变为大规模、标准化的教育，第一次出现这么多的学校和学生。但是到了信息时代，在保持大规模的同时，我们也应该利用现有的便利条件发展个性化教育。圣陶学校虽然规模很大，能容纳上千名学生，但是这些学生实际上接受的都是个性化的教育。现在这个信息化的时代，我们从方法上、从工具手段上都有条件实现一种既是大规模又是个性化的教育。但是首先我们在教育上要释放个性化的东西，必须改变现状，改变工业时代所格式化的一整套东西，包括班级、教材、考试，等等。王校长刚才也提到了，一些国家，如芬兰，已经做出了这种改变。中国也要学习他们的经验。同时，对学生的教育也不能仅瞄准现在，还要面向未来社会。"

四、圣陶学校老师谈圣陶教育

（一）让学生迷恋学习

宁阳①："王校长说，圣陶学校是一个宝，您觉得我们这个'宝'主要体现在哪些方面？"

柴水茹②："我觉得第一个方面是即使学生不喜欢学习，用了校长这个方法后，学生也可能爱上学习、迷上学习。有一个很典型的例子，我以前是按照普通教材的内容进行教学的，可是总有学生学不会那些知识。后来我用了校长的方法，教他们高年级的知识、初中的知识，他们反而很快就学会了，为什么呢？因为他们觉得学高年级的知识有意思，而老师要做的就是潜移默化地引导他们。例如，学习开根号的时候，我先在黑板上写'$\sqrt{4}=2$'，然后跟同学们说：'这是初二的知识，看看今天咱们班谁最聪明，一年级就能把初二的知识学会！'当然教授高年级的知识时也要从最简单的开始，经过巧妙的设计，学生们很快就能把这些看似超纲的知识学会。举的例子最好也要简单些，如 3 的平方是 9，4、5 的平方是 16、25 等。老师告诉学生 25 是 5 的平方，它开出来是 5，然后问学生 36 开平方后得多少，学生一下子就被引导着说出正确答案。老师就可以趁机表扬学生：'初二的知识你居然都能学会，你真了不起！'久而久之，学生就充满自信。

---

① 一缕阳光组学会会长。

② 圣陶学校老师。

"有时学生不是学不会，而是不愿意听老师一遍一遍啰唆。王校长曾经有一句话让我特别有感触，'学生愿意学，老师不用教；学生不愿意学，老师教不会'。现在大部分学生都很聪明，但是有些为什么成绩差？其实就是他们不愿意学。操作比较复杂的智能手机小学生都能学会用，为什么？因为他们对这个东西感兴趣，愿意去学。学生愿意学的时候老师都不用特意去教他们，就让他们自己去探索，去树立自信心，然后逐渐迷上学习、爱上学习。

"第二个方面是这种教学方式能开发学生的智力，就像校长说的，学生在1~12岁这个年龄阶段是学习数学的最佳年龄，12岁以后他的学习能力会递减。在圣陶学校，一年级学生就会做分数加减法了。校长教这个知识点时不说这个是分数加减法，直接示范怎么做，就这样直接，让学生照样学就行了，不需要给他们讲得多么清楚，时间长了学生自然就能悟到其中的规律，自然就懂了。圣陶教育追求的是唤醒学生们的内在潜能。"

（二）常见面法则

柴水茹："很多来学校参观学习的老师经常会问，你们小学已经把初中的知识学完了，那么到了初中学什么？我告诉他们初中还学初中的，再学一些高中的。有的老师又会问，那你们初中把高中的学完，到了高中学什么？他们未参与到圣陶学校的教育教学之中，有时无法深刻体会到这种教学方式的优点。在小学的时候潜移默化地把初中的知识学一两遍，对于悟性不是很强的学生非常必要。一个知识点，学生第一次见不认识，见它第二面也还不太清楚，都是如果见它三遍、四遍、五遍，是不是就能够记住它了？初中的知识让学生在小学时见几遍，到初中再见时，他们至少能把最基本的内容领会了，到高中他们就能自己研究更深层次的了。圣陶学校毕业的学生，也许中考的分数并不太高，但是到高中之后，学习成绩都很优异。因为他们有研究能力，能钻研进去。圣陶学校的学生自学能力特别强，他会主动去学习，而不是等着老师硬塞知识给他们。"

王天民："所有东西都不是一次学会的，这叫'时间分配法则'，我管它叫'常见面法则'。例如，两个人只见过一次面，并且交谈了 20 分钟，过了 20 年后这两个人是否还能记得彼此呢？不一定。但是如果他们每年见一次面，每次交谈 1 分钟，20 年后是否还认识？同样是在 20 年内一共交谈了 20 分钟，但是这一次的答案是肯定的。这个最简单的道理大家都明白，但是很多老师没有将它运用到教学中，他们都想一次性把知识讲清楚、讲透，但是这样往往达不到最好的教学效果。就像咱俩见面，印象再深 20 年后也未必记得，但是我敢说你每年来一次，哪怕一分钟或者一秒钟，甚至不讲话，只要见一次面，我想你不到 15 年就能记住我了，而且以后也都不会忘记我。"

（三）学会、没学会都没关系，跟着走就行

段会亭①："王校长一直要求老师对学生学习把握的原则是：'学会、没学会都没关系，跟着走就行；理解、不理解都没关系，能记住就行。'经过几年的教学实践，我对于这个原则有深刻的体会。比如，为什么他叫男人，她叫女人？为什么要开平方？这些问题根本无法一下子给小学生解释清楚。王校长不赞同现在课堂教学'堂堂清，日日清'的做法，他认为学习理解是需要一个过程的。"

---

① 圣陶学校老师。

（四）教学内容一班一个样

张欢欢①："我是从一年级开始带这个班的，现在带到了四年级。我也是在来圣陶学校后才开始学习校长的教学理念的，刚来的时候也不太适应，后来慢慢领悟了，觉得校长的理念特别好。只用了一个学期，我就带领一年级的学生把小学数学所有的基础知识点学完了，分数的加减乘除、小数、整数以及全部的图形等内容都学完了。"

宁阳："你们每个班级的学习进度都是由班主任自己把握的吗？"

张欢欢："对，自己把握。"

王天民："全校都是老师自己把握。"

宁阳："教学进度安排的基础是什么？就是王校长的这套理念吗？"

张欢欢："一些基础的内容是校长教给各位老师的，然后老师们会按照自己的领悟，去进行进一步的开发和实践。"

宁阳："一个班级一个样吗？"

王天民："对，我们提倡'一班一世界，一生一菩提'。"

张欢欢："每位老师自己决定教学的内容，要考虑班里的学生适合什么样的课程，适合何种程度的课程，每个老师心中都有自己的目标。我们不是整天写教案，而是用校长的理念带着学生学习。刚开始上课的时候，是校长到我们班去写一些例题，他总是不让我多说话，不让我教，但是我总是忍不住，认为有些学生不教学不会。后来，我慢慢发现这些学生，你教一道题，他会一道题，教两道他会两道，题是无数的，是教不完的。

"前几天我们学二次函数和不等式，校长在黑板上画了七八个图

---

① 圣陶学校老师。

69

像。我一下子就蒙了，一看这么多个图，肯定每个和每个都不一样。我当时就不会教了，但是他一点拨我，我就明白了。其实要点很简单，就是图形的上下左右移动，如果理解了其中的规律，那么它看起来是初三的题，实际做起来就是加减法。圣陶学校的教学设计是形式上由高到低，内容上由低到高的。形式是初中、高中的，但是内容可以是小学的。"

图 2-15　小学生也能学二次函数

五、参访者分享圣陶教育

分享一：读懂圣陶学校必须先读懂学校创办人王天民先生

先生有梦想。"隐隐飞桥隔野烟，石矶西畔问渔船。桃花尽日随流水，洞在清溪何处边。"这首诗隐喻了王天民的教育梦想——找寻教育的桃花源、理想国。王天民说，自己这一辈子，人家教书他育人，人家授业他传道！先生有情怀。他更看重"圣贤文化，陶育英才"，正是这一点让圣陶的学生有了一种"气自华"的特点。用经典文化打造圣陶教育的底色，让圣陶学子拥有了"为天地立心、为生民立命、为往圣继绝学、为万世开太平"的圣贤境界。先生躬身实践。"上士闻道，勤而行之"，这位76岁的老人与教育为伴，每天工作12小时以上。眼高手低、知行不一是很多人的通病，而先生却能不守成规、不拘小节、顺势而为、因时而变，走入了"师非师、生非生，师亦生、生亦师，师生互动、生生互动"的自然和谐状态。圣陶学校东南400公里远，安徽阜阳第十中学的课改同样在践行这样一种教育——自然课堂。两所学校相隔近千里却殊途同归，只因他们对社会发展、对生命成长都抱着一种敬畏的态度，只因他们崇尚大道至简，回归自然！（分享者：颜明辉）

分享二：圣陶学校的自主学习

教育改革以来，对自主学习的倡导一直是其主旋律。各地区各学校和教育人士的研究与实践也是层出不穷。有成功的，有失败的。但教育界各有志之士仍在不断探索和发展。为了践行教学改革"自主、合作、分享、探究"的理念，汝阳县圣陶学校在不断的探索和实践中走出了自己的自主学习之路。同时，在"自主学习"的发展道路上，圣陶学校的成功引来了各地学校师生的参观学习，并获得不绝称赞，那么她的法宝是什么呢？

1. 自主学习的重要性

自主学习是现代教育的改革方向和发展目标，是指与传统教育相对应的现代化的教育，以学生为学习的主体，以学生的主动性培养为要求。《基础教育课程改革纲要（试行）》在论及基础教育课程改革目标时这样写道："改变课程实施过于强调接受学习、死记硬背、机械的现状，倡导学生主动参与、乐于探究、勤于动手，培养学生收集和处理信息的能力、获取新知识的能力、分析和解决问题的能力以及交流与合作的能力。"这也是素质教育全面发展的要求。在"自主、合作、分享、探究"的学习目标中，"自主"学习能力是这四项的起点，同时也是一个人终身学习的起点。

自主学习不仅是教育发展的要求，也是社会发展的需要，为了面对社会的迅速发展，科技的进步压力挑战，每个人都必须学会终身学习，终身学习要求成员学会自主学习。所以，自主学习是社会、教育改革和个人三方面发展进步的共同要求。自主学习能力的培养对这三者的发展也能起到促进作用，如提高课堂效率、磨炼学生的意志力、增强学生的社会适应力等。

2. 圣陶学校自主学习培养的三方面

自主学习没有对固定场合和时间的要求，但是对大多数人而言，其自主学习能力是在学校教育中培养起来的，所以学校对学生自主学习能力的培养至关重要，这是进行新课改的原因，也是新课改对各学校提出的要求。学校教育大体包括三方面的主体，即学校、老师、学生。这三者之中，学生是整个教育的对象和主体，学校和老师的方法、目标、实践定位直接并深刻长远地影响这受教育的主体——学生。所以，一个学生的成功不仅仅是其一个人的事情，学校和教师担负着重要的责任。成功的学校教育必定是要将三者以最佳状态结合在一起的。

达尔文曾说过："最有价值的知识是关于方法的知识。"在圣陶学校里，老师们就是这样做的。圣陶老师在教学中一直实践和发展着王天民校长"教是为了不教的理念"。王校长说："教是为了不教，不教是为了更好地教。"他一直强调"教出来的是知识，学出来的是智慧"。

皮亚杰也说过类似的话："一切真理要由学生自己获得，或者由他重新发明，至少是重建，而不是简单地传递给他。"这是一个每个人都懂的道理，很多学校也在想尽一切办法向着这个方向努力，然而，成功不能只有想法，还要真正进行实践，圣陶人做到了。

有些孩子在上课期间特别活跃，有时直面老师进行提问，对老师的教学方法不满意，他们也是毫不顾忌地给予建议，对于不了解情况的人来说，初见此情景，的确会感觉有一些"难以招架"之势。其实这恰恰是现在教改和课改追求的平等师生关系，提问的时候，每个同学都高高地举起自己的小手，唯恐老师因为一些小因素没有感受到他急于表达自己观点的热情。课堂上，自信的孩子们对于来自老师和同学的挑战总是毫不犹豫地接受。甚至，直接向自己的榜样和目标下"挑战书"，相约前进已经成了他们生活和学习的一部分。

中国有一句妇孺皆知的话叫作"授之以鱼，不如授之以渔"。简单来讲就是告诉人们：不论是学习者还是传授者，在"授"的时候"方法"最重要。就如打鱼，得到鱼只是一时的，最重要的是掌握捕鱼的方法。这在圣陶学校也得到了利用和发展，他们总结出了一个新的"理论"，"授之以鱼，不如授之以渔，更不如直接向学生要鱼"——"要鱼理论"。

在教学过程中，老师装作什么也不会，由学生自己进行自主探究。语文课上，老师将作文题目图画化，让学生放飞想象，畅所欲言，表达自己的想法。老师"懒"得一句话也不讲，学生就只能"饿"得自己找粮食吃了，而且得给老师准备一份。其主要作用和目标是引导学生自学，这是圣陶老师教学过程中重要的方法之一。而且表现在课堂的多方面，如一直广受欢迎和推崇的小组合作，使学生自己学会分享和自主探究的精神。

以上是圣陶学校的老师们实行的课堂教学方法，无规矩不成方圆，学校也有一套自己的教育模式，既是学校自身的要求，也是学校对老师和学生的要求。圣陶学校一直倡导"简易、高效、轻松、愉悦"的学习，为此进行了两方面的改变。

第一，学校打破常规进行教学，有"三无"理论——无预习、无教案、无作业。几乎每一位到圣陶参观的人都会询问圣陶人："你们都学的是什么？没有课本？没有作业？"这是圣陶学校的一大特色，超常教育，正是因为没有教材的束缚，老师的教学才更加自由，可以倾全力将自身的本领悉数传授，学生也学得轻松、愉悦。"三无"使教学摆脱定性束缚，抓住本质，超越常规。例如，数学教学。数学是圣陶的特色学科之一，这里的学生对数学充满了由衷的喜爱，并因此喜欢自我钻研，直接带动其他学科学习的有效性。自主学习习惯也在潜移默化当中形成了。

第二，学校大力主张和践行"三用"理论——用眼听讲、用口答题、用手操作。每次知识点学习完成后，老师都会在黑板上或多媒体上给出本节课所学习的习题，这些习题都是老师们精心挑选的，学生们不用自己抄题，看完题目后直接回答。更有创意的是校长首创的用手答题，左手举起放在桌子上是 A 选项，高举是 B 选项，右手举起放在桌子上是 C 选项，高举是 D 选项。在题目给出后，老师说举手回答，每个同学都会积极地将自己的小手举到符合自己答案的位置。老师也可以很清楚地了解到学生们的选择，最快速地得到教学反馈。不仅学生的积极性被调动起来了，课堂效率也得到了大幅提升。同时进行的是"开卷练、闭卷考"。"开卷练"的时候学生自己讲题、自己做题，不会时想办法找答案。然后进行闭卷考试。

"一切为了学生，为了学生的一切"是学校和老师教学方法的出发点和落脚点，圣陶作为自主学习的成功实践者，一直致力于培养学生的自主学习意识，而且已经获得了成功，非常值得其他学校借鉴。

分享三：读不懂的圣陶，学不会的学校

于匆忙中走进 4 月的河南，走进备受《中国教师报》推崇的河南省洛阳市汝阳县圣陶学校，让有着近 30 年教龄的我突然之间迷失在了教育的花海里。这是一所民办农村学校，1000 多名从幼儿园到高中的学生，大多来自留守儿童家庭或家境贫穷的家庭。76 岁的董事长兼校长王天民，退休后不甘心颐养天年，于 2005 年变卖房产，在家乡小店镇创办了圣陶学校。学校取名圣陶，有三层含义：一是王天民退休前是当地叶圣陶教学研究会副会长；二是他深受叶圣陶"教是为了不教"思想的影响；三是取意"圣贤文化，陶育栋梁"。

几天的学习、观摩，听专家解读、听圣陶王天民校长讲述、听圣陶孩子们的分享，虽然脑袋里有了一个大概的框架，但心里还是在排斥和接受中挣扎，这哪里是在进行教育改革，简直就是在进行教育革命。如果不是自己所见，我绝对不会相信。

1. 执着的信念渗透每一个人的心灵

走进圣陶，"学习即信仰"映入我的眼帘。这应该是圣陶的校训，感觉有点口号性。但一路走来，走廊下、花坛旁、教室里外，看到的全部都是学生三五成群，自觉学习的画面，我问了很多名学生，他们最喜欢做的事情竟然都是学习。如果不是亲眼目睹、亲身体验，你可能很难想象这里的学生已经学习成"瘾"。

2. "三无学校"培养优异学生

办学条件简陋，教室及宿舍环境也不好，同时，这还是一所"三无"学校——课堂无老师、上课无教材、课后无作业。创办 10 年来，学校没检查过作业，教师不用写教案、不用改作业、不用一直看着学生，甚至不用讲课……高中部仅有一名教师，大门日夜敞开，校门口就是网吧，却没有一个学生去上网。小学六年级、初一到初三这四个年级的学生可以同班上课，打破了年级学习制、班级授课制。幼儿园的孩子已经把九九乘法表背得滚瓜烂熟，识字量之多不可小瞧，小学部一班一师，许多学生都在学习初中内容；小学二年级与初中二年级同样学习初中数学，初中二年级考不过小学二年级……

从墙上张贴的破旧的喜报来看，几年前全汝阳县的统考，圣陶学校平均成绩高出他们乡镇公立学校20多分，去年圣陶学校新组建的高中部，高一学生参加全洛阳市近百所高中的统一考试，全洛阳市的所有高中里面的前十九名都出自圣陶学校。

3.“无知”的老师培养“无所不知”的学生

对于仅有初中文凭或高中文凭的大部分老师来说，要想教好学生的一门功课已经实属不易，但他们不仅做到了，还做出了难以想象的高难度——包班全教，所有他能想到的科目都可以尝试，并且能让人看到显著的效果，让你不得不口服心服。

报道圣陶的《中国教师报》记者走访了圣陶27次，终于挖到了这么一个“宝”，但是圣陶这个“宝”一般人是学不会的，比如我。

学不会之一：“厉害的”校长王天民

有人说，王天民是教育界的鬼谷子。听王天民一堂课，能让你终生难忘。这是王天民的大学同学、汝州一中原校长刘善杰的评价。王天民总结出了很多帮助学生记忆的顺口溜，说一遍就让学生终生难忘。

王天民年轻时，琴棋书画无不擅长，诗写得漂亮，豫剧唱得字正腔圆。但这些他都放弃了，他用生命守护教育这个“一”，“做不了第一，就做唯一"。

做教育，王天民从来不争，因为不需要。他当年创造了诸多奇迹，某一年他教的一个班，考上统招中专的人数占全县的四分之一（那时候中专比高中更受重视，也更难考）。有一次全县学生作文竞赛，他教的一个班的学生包揽了前七名。

退休后办学，王天民用10年时间让圣陶学校逐渐走向全国，这得益于他的不按常理出牌。其他学校的课改一般是在教材体系、班级授课制的框架内，而他一开始就定位在框架外——打破教材体系、打破按年升级制、打破班级授课制。不仅如此，无教材、无教师、无作业、无预习、无笔记，开卷练、闭卷考，作业考试化，单科独进……圣陶学校的课改策略基本是独一无二的。25课时学完小学数学基本知识，20课时学完初中化学……圣陶的课改成果也是独具特色的。

当前，圣陶"小学一班一师，初中一级一师，高中一校一师"的探索，更是颠覆了许多人既有的教育思维。"不按常理出牌"是王天民一生的信条。

学不会之二："神奇的"校长培训

由于圣陶学校有的教师水平达不到要求，于是，每天晚上，有一个半小时是王校长的全校统一培训时间，风雨无阻，雷打不动。用他的话说，除了英语不用他亲自培训，其他学科全部由校长亲自培训，教老师们怎么去教学生，如何领会整合后的教材，培训内容从学科知识到教材教法，从为人处世到国际形势，上自"数理化"，下至《道德经》，无所不会，无所不能。对于什么样的教师是好教师？王天民说了三句话。第一句：一流教师教状态；第二句：教师要做唐三藏，学生要做孙悟空；第三句：越会教的越不会教，越不会教的越会教。他要求教师"每天给予学生新的知识，小故事、小谜语、小笑话，每一天都给学生带来惊喜，让学生们高兴，把学生的笑声带入课堂"。

学不会之三："感人的"敬业和自觉

在圣陶，老师的敬业程度是你无法想象的。为什么学历最低、最"不会教"的教师，却是治理"乱班"的好手，其班里学生的考试成绩却能全校领先？我问过好几个小学老师，他们早上六点半到教室，晚上九点培训结束后还要自己整理一下明天的内容，一般是十点半后回宿舍。他们说从不觉得累、觉得烦，有时候还经常抢着去其他班辅导学生。

在圣陶，每个年级都有一个"超常班"，全校还有一个"专家组"。"超常班"里的学生通常都是跳级生，"专家组"7个成员全部是跳级学生。如王喆11岁，论年龄本该在小学五年级，但他已经自学完初中数学、物理、化学的内容了，现在正在高中预备班自学高中知识；郭向艳，小学时有抑郁症，先后转了四所学校，但是现在不仅活泼开朗，而且考试次次第一……

"你最喜欢干什么？"对于这样的问题，圣陶学校的许多学生都会说"喜欢学习""喜欢钻研难题"。在圣陶，学习是学生的一种信仰，因为他们"在玩学习"。我看到了几个真实的故事：有人为了学在别人前面，在宿舍熄灯后他们会偷偷跑到厕所里面，借着厕所的灯光学习，直到被老师发现后才作罢；有的学生为了争当最佳学习小组，等别人睡着后爬起来用打火机学习；高中的一名女生，来到圣陶后，从抑郁症患者转变成了开朗自信的女"学霸"。每个学习小组都是视参观者如空气，卖力地相互讲解或低头做题。

圣陶学校的学生可以自主支配学习时间，自主选择适合自己的学习进度，自主选择自己的学习伙伴。走进圣陶学校的教室，互帮互学，秩序井然，学生们没有固定的学习小组，根据需要随时结成学习小组，同一班级学习的内容许多时候也不尽相同，一切是学生自主选择的结果，没有人会为学生的学习内容设置障碍。

学不会之四："精致的"教材整合

圣陶教改的突破口是数学，号称"单科突进"，以数学教材的整合带动全学科的突破。比如，他们用 25 个课时学完小学数学，听起来很不可思议，但在圣陶学校却是真实的实践，而且效果不差。他们是怎么做到的呢？在王校长看来，教材是教的材料，不是学的材料。现有教材适合教学用，不适合自学用，因为教材里没有问题详解。那么，圣陶学校究竟是如何超越教材、如何重建教学内容的？

其做法是，形式上打乱顺序，内容上有所取舍、有所补充。教育教学内容来源于社会、自然、生活，舍去不适合地区特点的、不适合学生年龄特点的偏、难、怪的内容。

比如，小学数学教材，圣陶学校有几项内容是不学的：

认识人民币不学。因为生活中学生们自然会认识，"现在教材上的内容是元、角、分，然而，现实生活中基本上没人用分了。"认识钟表的内容不学。一方面，这是生活中自然可以学会的内容，不需要教；另一方面，这对于低年级的孩子来说比较难，"更有甚者，竟然测试孩子'镜子里的钟表'"，这在王天民看来是完全不应该的。一些远离生活的应用题不学。原因是应用题本来是在生活中应用的，而不是在书本上"应用"的。圣陶学校的教学实践表明，小学不学应用题的学生，到了初中，这些应用题不教自会。这些内容不学，考试时怎么办？王天民说："到底是考试重要，还是孩子的学习兴趣、生命成长重要？考试时，这些内容丢点分，我们不怕。"

圣陶学校重组教学内容主要有三种形式：一是完全抛开教材，教师自主驾驭学科知识体系；二是有时超常教学，虽学教材，但学得特别快；三是在学习本年级内容的基础上，适当超常。就初中数学而言，圣陶学校是这样打破教材的：先学初二年级上册的因式分解，再学初三年级上册的一元二次方程，这好像坐电梯，直接上到山峰最高处；然后学习初二年级下册的分式方程、初一年级下册的一元一次方程和一元一次方程组，以及一元一次不等式（组），像坐滑梯一样；上山时不上台阶，下山时不下台阶，省时省力，轻松愉快。小学数学也是这样：学了加减法和乘法口诀后，直接学通分、约分，"抓住了核心问题，其他问题就容易多了"。在圣陶学校，任何一个知识点，任何年级的学生都可以学，这是王天民的独创。每个知识点的背后，都有精选的练习题。王天民说："这就是圣陶25课时学完小学数学基础知识的秘密。"

同时，我们也发现圣陶的语文课很特别，高中部的课表没有语文课，小学的孩子自述一天可以把语文书上的3篇文章学完。在王天民的认识里，语文是百科之母，是学生了解生活、认识世界的一种重要方式。"真正的语文是一种思想，而非一个学科。"王天民主张一种"大语文"教育观，倡导学生在生活中学语文、悟语文、用语文。高中的学生平时的语文学习就是读书、看报。有时候王天民校长会给他们讲点关于经典的专题。王天民也很少去教写作技巧，他说"只有笨老师才去教语文、教作文"。他会一方面鼓励学生多读一些美文，另一方面强调做人，这也正符合叶圣陶先生"作文与做人统一"的教育思想。高中学生备考的方法就是阅读《语文报》。然而，如果你认为，圣陶学生只有学习这一件事，那可能又是一种误读。据说每学期王天民都会亲自带领学生外出游学，不定期举办娱乐活动、演讲比赛、辩论会等，且这些活动通常是由学生自发组织的。

在圣陶的课表上我没有看到音乐课、体育课、美术课，本来我很担心他们的学习以外的能力的培养，但当天晚上，他们为我们献上了一台由学生自编自导的文艺晚会，有模有样，而且据说这样的文艺晚会每周三都会上演。

学不会之五："独特的"评价方式

学生回答正确加一分，回答错误加四分。这可谓圣陶学校的"怪现象"。圣陶学校的奖励很奇怪。比如，让学生可以多学他想学的某学科的某章内容、可以让老师去家访一次、让王天民专门讲一节课等，这些都是圣陶学校曾经使用过的奖励措施。圣陶不开家长会，因为学生口中对圣陶的喜欢就是最好的口碑。更"独特"的是圣陶学校的惩罚。王天民一直主张：没有惩戒的教育不是完整的教育。但圣陶的惩罚似乎可视为另一种奖励，他们惩罚的原则是必须合理，学生要乐于接受，并且要起到激励作用。同时，惩罚是有"红线"的，比如，绝不准罚款、不准罚抄作业等。在圣陶学校，奖励和惩罚合在一起被称为"奖惩激励"，奖励和惩戒都要起到激励作用。比如，对待"差生"，在王天民的教育词典里没有"差生"二字！对学生的赏识，王天民做到了极致，但极致的背后不是偏执，而是智慧！

在王天民看来，成长在错误发生时，善待错误，利用错误，将错误作为教育资源来开发，才是一种教育智慧。于是，圣陶学校的学生不再害怕出错，学生答题只有差异，没有错误。赶走了对错误的害怕心理，圣陶学子从此爱上了学习，尤其是调动了"后进生"学习的积极性。

让学生爱上错误，还因为王天民总是能对学生的一些错误给出合理的、生活化的解读。采访中他谈到了这样一个真实的案例："$1+1=1$"也是对的。这不是幽默，也不是调侃，更不是脑筋急转弯。他向学生解释，两根绳子结起来不就变成一根绳了吗？学生们笑了，他也笑了！这是一种思维方式。"$3-1=4$"就一定是错的吗？生活中也有这种事情发生。比如，一个三角形去掉一个角，还剩四个角。这些通常被视为错误的答案，在王天民的解释下很快成为另一个严肃的命题！在这样的另类解释中，王天民让学生习得了另一种生活智慧。难怪在圣陶学校学习时间稍长一点的学生总会在不经意间说道："我们跟着王天民校长不是学知识，而是学智慧。"这话从圣陶学生的口中说出格外有分量。

学不会之六："混乱的"教学关系

通常我们讲的第一种教学关系，教师教学生学，以教师教为中心。第二种教学关系，教师的教服务于学生的学，以学生的学为中心。杜郎口中学就是第二种关系的代表。但圣陶学校的教学关系是一种全新的教学关系：师非师、生非生，师亦是生、生亦是师，师生互动、生师互动，师师互动、生生互动。学生可以教，教师可以学，师生既学又教。这种教学关系是一种新型教学关系。这第三种教学关系激活了学生的好奇心、探究欲，让学生发现了学习的奥妙，让圣陶学校的学生进入了"教育的第三时空"：在这里，学习已经成为学生的信仰。这样的孩子，其动力是强大的，其前途是不可限量的。因此，才出现了在许多人看来不可思议的圣陶现象。在圣陶的课堂上，学生是真正的主人，教师的主导作用淡化了。学生既是主体，又是主导。因为生即是师，所以真正的"师"可有可无，这就出现了教学中的"无为而治"。但"有师与无师是相对的"，王天民特别强调，"一般来说，学前应有师，学中可无师，学后自成师"。

参观完圣陶，我非常纠结：一方面从心里感叹他们的做法，一方面抵触着把孩子培养成"学习机器"的行为，一方面又眼馋着别人的成绩。带着六个"学不会"，我开始思考可以学会的有哪些：

（1）调动教师的积极性。想要像别人一样自己不教，让学生自己教、自己学，老师们可以在哪方面动脑筋。别人放手让学生自学都可以，自己的"满堂灌"是否该放放手。要相信学生，相信奇迹。

（2）调动学生的自觉性。如何让学生爱上学习，如何转变师生关系，让学生体验通过自学取得好成绩后的欣喜若狂，从而一步步成长，值得我们深思。

（3）整合数学教材，加深数学特色。结合小学部在数学方面的优势，尝试在数学教材的整合上有所突破。

（4）发挥教师的主体作用，放开束缚教师的所有制约。尝试做一两个改革班，给教师最大的权限，限定期限，最后用成绩说话。

短短几天的圣陶之行，让我收获颇丰。如何将学到的方法应用到我们的教学中来，成为回来后我思考的问题。老师们也可以从上面的分享中找出对你有价值的内容，取长补短，取其精华，转变自己，转变观念。如果你看完后心动了、行动了，相信不久的将来你一定会体验到改革的好处。

相信学生，相信自己，相信奇迹！（分享者：吴强）

第三部分 03

王天民教育实践活动实录

一、王天民做"百校千师万童计划"夏令营开营报告

（一）让学习成为信仰

王天民："尊敬的领导们，尊敬的申校长，同学们，大家晚上好！我来自河南省洛阳市汝阳县，曾经是一个山区贫困家庭的学生，上学住磨坊，中午不吃饭，自己挖野菜做饭吃。但是贫困不可怕，逆境也不可怕，越是逆境越能成就人才。在圣陶学校，也有很多家庭经济情况比较困难的学生，他们可能原本的学习条件不是很好，但是他们从未放弃学习，有些人已经考上了理想的学校，找到了满意的工作，成了国家的栋梁。他们是怎么做到的呢？很简单，就是让学习成为信仰。那么，什么叫信仰呢？信仰就是对某人或某种主张、主义、宗教的极度信赖和尊敬，并将它作为自己行动的准则或指南。把学习当成信仰就是对学习的信奉和追求，把它作为自己的行动准则。在圣陶学校，学习是学生们和

图3-1　每个圣陶学子都谨记学习即信仰

老师们的信仰，所以他们爱学习、愿意学习，还能够快乐地学习。今天，我就将我们的经验分享给大家。"

（二）把苦学变乐学

王天民："今天我带领一个团队来到这里，我们的老师们和同学们将在这里和大家一起度过一个月的时光。我们在这段时间里，咱们一起学习，一起生活，一起玩，一起快乐，一起幸福。大家说好不好？

"在圣陶学校到处都能看到以学习为信仰的老师和同学，要做到这一点，最关键的就是把'苦学'变'乐学'。从古至今，大多数人都认为学习是件极苦的事，'书山有路勤为径，学海无涯苦作舟'，甚至现在很多学校还把'苦学'作为校训。但是我认为学习不能苦，学习应该等于快乐。古代圣贤也是这样认为的。孔子就曾说过：'发愤忘食，乐以忘忧，不知老之将至云尔。''知之者不如好之者，好之者不如乐之者。'想要把学习当作信仰，首先就要不断地从学习中获得快乐。请同学们把'书山有路勤为径，学海无涯苦作舟'这句话改成'书山有路巧为径，学海无涯乐作舟'，这一个月就让我们的老师和同学来把'巧'和'乐'带给同学们吧！

"分析同学们把学习当成负担的原因，大概能得出两点，一是学不会，二是不想学。而越不会学，就越学不会；越学不会，就越不想学，然后就陷入了一个恶性循环。有的同学经常埋怨老师教的听不懂，作业多得做不完，慢慢就由苦学变成了厌学，最后开始抵触学习，甚至辍学回家。学生成绩不好的原因大概有以下四点：第一，直接按本级教材教，有的学生学不会；第二，教师选用的教学方法不合适，让会的学生回答、发言、上台演练，看似课堂教学效果很好，其实还是有很多学生并不明白，这些学生如果没有主动去向老师请教，就会慢慢地变成了

'差生'；第三，是书面作业多，而且写作业的实际意义不大；第四，小组讨论形式很好，但是让成绩好的学生教成绩差的学生治标不治本，因为教的是'术'而不是'道'。'师者，所以传道授业解惑也'，现在授业、解惑已经可以用互联网解决了，老师最重要的是传道。'百校千师万童计划'首要的是百校要培养老师，培养他们教'道'不教'术'。

"圣陶学校的老师是这样教学的：第一，是不按本级教材教，做法是'先盖楼再装修'，形式上由高到低，内容上由低到高，一、二、三年级就直接学初中的实数计算，因为自然界的事物本就不分代数和算数。第二，鼓励成绩差的学生在课堂大胆举手发言，积极上台做示范。因为在我们圣陶学校的老师心中，从来没有差生，因为只有成绩有差异的学生。每个学生都有一技之长，课堂上举手的都是英雄。而且题目答错不算错，不答才算错。第三，小组讨论时不能光听不说，每个人都要发表自己的意见，因为一个问题的答案不一定是唯一的，每个答案可能都是正确的。我举个例子，4-1等于几？学生答3。那么，等于5对不对？谁说不对，一个正方形切掉1个角，可以有5个角。数学学习要从生活中来，完全可以从不同的角度思考问题。"

二、示范课

本部分为王天民校长在"百校千师万童"夏令营中的三堂示范课。

（一）有理数比大小和相反数

王校长："一年级第一课有理数比较大小，初中、小学的学生都是在一起上的。我一句概念都不教，全班都能学会，而且不到一分钟一年级的学生就可以做中考题了。大家想不想听我讲？"

学生："想！"

王校长："同学们，这些数字往哪边越来越大？（有手势有眼神），这些数字往哪边越来越小？"

学生："往右越来越大，往左越来越小。"

王校长："6 和 2 谁大？那么 0 和 -1 呢？-5 和 0 呢？-200 和 -100 呢？"

学生们正确地回答出了每一个问题。不到一分钟，就都学会了这个知识点。接下来王校长将中考真题展示出来让学生做，第一题是 2009 年山西省的中考题，比较大小，"-2 和 -3 谁大？"学生们齐声回答："-2。"第二题是 2013 年重庆市的中考题，"在 3，0，6，-2 这四个数中，最大的数是哪个？"学生们回答："6。"第三题是 2014 年广东省的中考题，"在 1，0，2，-3 四个数中，最大的数是几？"学生们一起回答："2。"这三道题做完后，王校长问学生们中考题难不难？学生大声回答不难！一分钟就学会了一道中考题，学生们的自信心得到了大幅提升。

后来，王校长还带领同学们学习了相反数，小学生一听要学习初中的知识，积极性和主动性马上被调动了起来。王校长依旧既不讲定义，也不讲性质，直接提了几个问题让学生们回答，学生们很快就回答上来了，还完成了 2013 年河南省中考的第一题，课堂气氛轻松欢快，学生学习兴致高昂，学习效率很高。

王校长一句没有教，是把教体现在手势中、眼神中和问话中。一名老师不解地问道："不讲概念吗？"王校长答道："不讲。正数、负数、零、无穷尽，最大的负整数是 -1，最小的正整数是 1 等概念都不讲，学生慢慢地就会在做其他题的时候明白这些概念，要相信他们能够自己总结出知识的某些'密码'。"

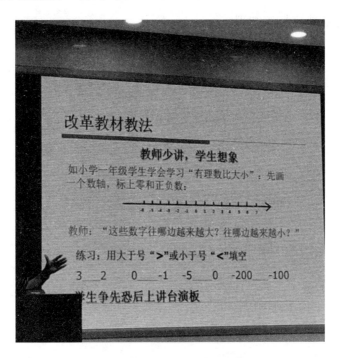

图 3-2 有理数比大小的课堂教学

（二）理科文教

王校长强调语文在基础教育阶段的重要性，并在理科教学中总结出了"理科文教"这一既简单实用又直指根本的教学方法。例如，他在进行平面几何中的内错角、同位角、同旁内角等知识点的教学时，不是先讲这些概念的定义，而是直接画出平行线、相交直线以及内错角、同位角和同旁内角的图形，让学生们根据文字词义来判断，哪个是内错角，哪个是同位角，哪个是同旁内角，让学生自己领悟和总结这些角的定义。这是典型的用语文知识理解词义后回答数学问题的案例，王校长把这种教学方法称为"理科文教"。他还说，知识点与图形相结合能使学生更有效地记忆该知识点。

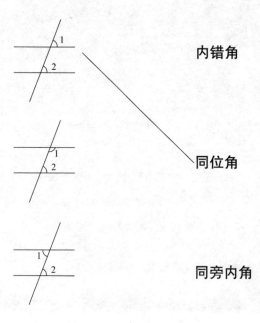

内错角

同位角

同旁内角

图3-3 理科文教

（三）直觉判断，错中悟正，发现规律

王校长是怎样给没有学过化学的小学生讲物理化学变化的呢？首先他变换了学生们平时习惯的回答问题的模式，用"举左右手"这样一个课堂活动激发了学生们的学习兴趣，调动了他们的积极性。他告诉学生左手代表 A，右手代表 B。不讲什么是物理变化，什么是化学变化，直接提问，让学生回答下面这些题目中哪个是化学变化。第一题："A. 玻璃破碎；B. 葡萄酿酒。"看到有几个同学并未举手，他还鼓励他们举起手来，不用害怕犯错误。渐渐地，同学们都积极地参与进来了。于

是，他展示出了第二题："A. 木柴燃烧；B. 水结成冰。"第三题："A. 土和成泥；B. 食物腐烂。"第四题："A. 轮胎爆炸；B. 炸药爆炸。"就这样学生们运用自己掌握的知识和直觉判断，错中悟正，自己发现和总结出了什么是化学变化，什么是物理变化。

王校长说："这种题不用讲概念，学生做几道题后自己就能恍然大悟。他们完全有自己总结知识、发现规律的能力。"

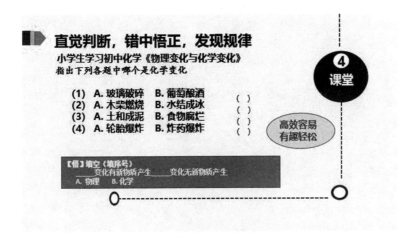

图3-4　物理变化与化学变化

王校长告诉学生们要记住三句话：

学会、没学会都没关系，跟着走就行；

理解、不理解都没关系，能记住就行；

分数高、分数低都没关系，不放弃就行。

他鼓励学生们相信自己能学好，相信自己能成才。

第四部分 **04**

圣陶教育成果典型案例

案例一：三年完全自主学习交上满分答卷

2017 年注定是不平凡的！这一年圣陶学校迎来了高中三年完全靠自主学习的学生们的高考。

圣陶学校是没有高中部的，但是 2014 年出现了这样的情况：一部分 2014 年毕业的初中生虽然考上了高中，有几个人考上的还是县重点中学，但是，他们已经习惯了这种自主学习，坚决要求留在圣陶学校。王校长很感动，就帮助他们争取到了学籍。三年来，学生们就完全靠自主学习。没有老师教课，没有授课计划，没有教材，没有课表，没有班主任，29 名学生只有一名生活老师，这些学生学习什么、怎样学都完全自主决定。

一个山区学校，一个三年来从不需要老师教，老师一教就找校长抗议的 29 名学生，到 2017 年高考的时候，居然全部上线了，其中有 12 名同学考入了本科院校。

表 4-1　2017 年圣陶学校自主学习学生高考成绩（本科线上）

序号	姓名	文/理科	成绩	录取院校	录取批次
1	郭向艳	理科	526	河南中医药大学	本科一批
2	刘亚鸽	理科	508	河南中医药大学	本科一批
3	胡欧阳	理科	500	重庆理工学院	本科二批
4	姚俊羿	理科	489	郑州师范学院	本科一批
5	田梓诚	理科	484	太原科技学院	本科一批
6	胡旭利	理科	418	信阳农林学院	本科二批

续表

序号	姓名	文/理科	成绩	录取院校	录取批次
7	温浩晴	文科	408	河北东方学院	本科二批
8	郭亚楠	理科	407	河南科技学院	本科二批
9	武意祥	理科	403	平顶山学院	本科二批
10	高金飞	理科	398		本科二批
11	胡少舟	理科	395		本科二批
12	杨伟博	理科	365		本科二批
……	……	……	……		……

注：本科一批分数线 484（理）、516（文）

本科二批分数线 342（理）、389（文）

《中国教师报》花了一年多的时间探访圣陶学校的秘密。他们在 2016 年为圣陶做了头版头条特别报道，并于当年 4 月在圣陶召开了"课改现场会"，全国 22 个省区市的 500 多人参加了会议，反响非常热烈。

在"课改现场会"上，圣陶学校的老师向参会人员介绍："郭向艳同学的求学经历让人心酸，也让我们不愿相信。她家住在偏远山区，刚上学时，班上只有她一名学生，因此她渐渐变得孤僻，不喜欢与人交谈，甚至见人就躲，对学习自然也就失去了兴趣和信心，最后辍学了。父母以为她患了病，去医院，医生说她得了抑郁症。父母先后给她换过四所学校，她都不能适应那里的学习。六年级时，她来到圣陶学校，从此命运发生了反转。"郭向艳向大家介绍："到圣陶学校后，王天民校长竟然说我有灵性，这让我大吃一惊。他还把我当成重点学生培养，一有难题就交给我，让我与同学们一起研究。于是，渐渐地，我对学习产生了兴趣，每天都痴迷于学习。老师夸我具有心静如水的品质，就这样我的学习成绩逐步提升，也逐渐被同学们所知。"圣陶学校彻底改变了郭向艳同学的人生，她的生命得到绽放！

张月明同学说："如果我说我来圣陶不是来学知识的，那么可能有人会问你是来干什么的？我会告诉他，我是来学智慧的。知识写在书本里，智慧却在书本外。圣陶学校从来都没有用过教材。无教材、无教师、无作业都不是随随便便就没有的，都是有道理的。无教师，是因为认真听讲的偶尔能取得好成绩，但是真正自学的学生永远都能取得好成绩；无作业，是因为记在本子上的是负担，记在脑子里的才是财富，我要财富不要负担。我深深为圣陶感到骄傲。"

杨梦格同学说："在我还是懵懂无知的学生时就来到了这个'桃花源'，在这里我结识了一位老人。他给了我一张地图，让我去寻找宝藏。如今我找到了，这个宝藏就是自学。寻宝之路总是崎岖不平，其中有阳光灿烂、风和日丽，也会有乌云密布、冰天雪地，有春风得意、一帆风顺，也有厄运来袭、屡遭挫折，但我没有放弃，因为我心里装着梦想，我必须为梦想奋斗。"

卫彩雨同学说："校长爷爷经常鼓励我们：'世界上没有绝对的美，美都是隐藏在观察或创造它们的那个人的灵魂里的。你们要去创造、去拼搏、去学习，你们都是天才，你们都是英雄。'校长爷爷经常在黑板上书写知识，一次为了能写在黑板的顶端，校长爷爷站上了一个小板凳，那个板凳小得差不多只能站下一个 10 岁学生。那一刻，我看着爷爷的后背，备受感动。一个 70 多岁的老人不在家享受天伦之乐，而是每天都在为梦想而学习、奋斗，我们还有什么理由不努力呢？他活到老、学到老的精神深深打动了我，他是我心中的英雄。"

圣陶学生的学习是快乐的，日子是幸福的，人生是幸运的！每一个在圣陶学习的学生都收获了属于他们的精彩。

案例二：体育老师学习圣陶教育的蝶变

——河南省郑州市二七区先锋外国语学校刘继莹①

（一）学国画的体育老师教数学

非常紧张也非常荣幸，今天能够分享我们的一些经历。

我是河南师范大学美术学教育方向毕业的，专修国画。毕业以后在公立学校工作了一年，教的是体育。来到郑州先锋学校以后，申请到圣陶学校学习交流，并且参加了圣陶学校的夏令营，其间我的收获特别大。我们回去以后，按照圣陶的教学思想和知识架构，开始整理教材，就是我们所说的1.0版教材。整理好教材，课堂上采用王校长的教学方式，一句概念不讲，让学生自己总结、自己理解。其实在那个过程中是很难的。首先我自己不是学数学专业的，又没教过数学，不知道该怎样教学生学数学。但是王校长说教学的重点是"蒙"，老师越是什么都不教，学生越是什么都能学。这给了我很大的信心和勇气，我开始带班教数学。两年的实践让我也总结出了一些经验，在这个过程中要先明白学生学的是什么，然后在课堂上，老师少讲甚至不讲，让学生自己学习。但是不讲的只是知识、概念，不代表老师在课堂上不说话，老师需要说一些调动学生、引领学生学习的话，让学生觉得他要去学、去掌

---

①　河南省郑州市二七区先锋外国语学校教师。

握，也让他明白自己要去掌握的是什么。

（二）引发学生的学习兴趣，提升他们的自信心

我接的那个班是当时我们学校数学成绩最差的一个班，在那种情况下，我要让学生觉得他们是很优秀的，甚至是学校最优秀的一个班。怎么办？每次刚开始上课的时候，我都要说话，不是讲知识，而是和学生沟通、交流，我鼓励他们："咱们班现在是四年级，但是四年级的知识太简单了，你们不用学这些，我们学什么？学初一、初二年级的知识。"我模仿王校长上课的形式进行教学，学生学的是初一、初二年级的知识，而且一学就会。学生们都很高兴，也很自信。然后我再层层深入，知识体系往下延伸，延伸到本年级的知识。这时，很多学生会认为，初一、初二的知识他们都学会了，学习本年级的知识更是轻而易举了，他们的自信心被培养出来了，学习兴趣也被激发出来了。

通过这种形式，我们在四年级的时候已经完成了初中数学整体架构中的大部分知识点的学习，而且小学的全部内容也都学完了。在四年级结束的时候，我们班用"小升初"考试题进行了测试，数学平均成绩在 85 分以上，由此带来的是学生对于知识的进一步的渴求。

五年级的时候，我们的层次再进一步提升，我思考的是，四年级学生有了学习兴趣，他们逐渐养成了自己的学习方法，那么数学到底给学生带来的是什么？虽然没有经过数学专业的培训，但是我从王校长的教育思想和教学方法中体会到，学生的学习要从老师教他如何学习知识，上升到学生养成自己的学习方法，形成自己的数学思维。也许对于小学五年级的学生来说，他们不知道什么是思维，但是我们要去培养他们，让他们向着这个方向前进。同时，还可以通过这种思维方式影响他的人生，帮助他们提升克服困难的能力，帮助他们塑造自己的品格，帮助他

们树立自己的目标、追寻自己的梦想。这是作为一个老师真正要思考的问题，真正要做的事情。

（三）学习过程就是实现人生梦想的过程

我给我们班学生发了初一各个学科的练习册，但是我没有给他们发教材，练习册上有二维码，他们可以通过一些网络的方式去收集各种资料。我为什么要这样做？因为我要让他们自学，我如果给他们发了教材，那练习册就只是练习册而已，教材会把知识告诉他们，但是我想让他们主动去寻求知识，带着问题去找答案，就像梁总说的，我们要站在学生的认知世界里面去发现问题、去发现知识、去发现这个世界的奇妙。

我经常跟我们的学生们说，做学生仅仅是你们人生的一个阶段，你们的人生意义不是把数学学好。你们是一个人，对于我来说，你们是一个个鲜活生命，有心跳、有脉搏、有思想、有情感，更要有梦想。作为一名老师，我要思考的是这一个个生命以后的发展方向。

五年级的时候，就开始让学生树梦想、说目标、列计划，同时要求他们有行动，落到实处。当学生开始思考未来我要成为一个什么样的人的时候，就要思考如何才能成为这样的人。大学、高中、初中、六年级、五年级，一步一步把计划做细，把梦想落到实处。那么学生们就要思考，数学课我该学什么，怎么学？五年级的学生们对初中的知识是很感兴趣的，所以我们在五年级的时候，按照王校长先上后下，"上楼梯""滑滑梯"的方式深入、细致地进行教学。这个就是我们先锋学校教材教改的 2.0 版。

2.0 版本的教材就是知识的分层、分体系，知识重现不重复。学生们第一次学的某个知识和他第二次见到的这个知识，类似但不完全一样，学生总能找到知识的新奇感，这个过程中他把自己想学的东西学会了，计划完成了，目标达到了，这通往的是他实现梦想的道路。

六年级，我们先锋学校现在的数学教材教改是 3.0 版本，3.0 版本是什么？是从任何一个知识点都可以切入数学的知识体系，这个知识的框架不再是一个条状图或者是一个平面图，而是一个立体的网状图，所有的知识点都是相关联的。教学可以从任何一个知识点切入，当我从某一个知识点切入以后，让学生不断去发散，发散的是知识，知识罗列出来的就是思维，是学生能力的提升。

六年级的课程很重要，但是我每周上课的时间并不多，甚至上课的时候，也不会被学生"需要"。这种不被需要，是他们知识层面的需要。对于六年级的学生，更需要的是思想的引领，是个人梦想、目标、人的价值的引领，是团队意识的培养，要教他们如何去合作。这时教授的不再是方法，而是意义和价值。

我在和学生们沟通的时候，经常和他们讨论人生的价值和梦想是什么，这个社会的发展趋势又是什么。当我们把学生的未来和社会的发展趋势连接起来时，这个学生的人生价值就不一样了。他将在课堂上呈现出对知识的渴求，而获取知识的途径也是多种多样的。通过自己独立思考、小组团队合作以及向老师寻求帮助都可以获取知识，但是向老师寻求帮助是他们最后的方法，也是他们最不想用的方法。

每次在上课之前，我都会询问学生，需要老师吗？他们的答案往往都是否定的，但是他们会让我布置任务。我的任务的难易程度是分四个等级的，根据时间安排来布置：第一个，难度并不大，90%的学生都能完成；第二个，比第一个任务要难一些，50%的同学可以完成；第三个，难度再大一些，可能只有30%的学生能完成；第四个是什么？是一个省略号。学生要给自己定目标，不再是老师去提要求了。完成哪个任务由他们自己选择。我经常跟学生们说，人生是我们自己选择出来的，哪怕是一个小任务，累积起来它也会带来难以想象的改变。

（四）不要剥夺学生思考的权利

学生勤于思考是现在我们班整个呈现的状态，其实特别感谢从圣陶学来的这种教学方式。王校长有一句话让我印象特别深刻——不要剥夺学生思考的权利。当我们去灌输、去讲知识的时候，就是在剥夺学生思考的权利，你就没有把他当成一个生命、一个人，一个有脑子、有思维方式的人，而是把自己的东西灌输给学生了。而学习学的是什么？其实就像王校长说的，是智慧、是"道"。可能我理解得比较浅显，就是我有目标地引领学生从学习、想要去学、想知道如何去学，变成真正去行动并从中总结出自己的学习方法。在这个总结学习方法的过程中，他们的思维能力、行动能力等都会得到提升。当学生能力提升了，哪怕他有一天毕业了，也依然具备这个能力，在任何一所学校，任何一个岗位，任何一个时间阶段，遇到任何问题都知道如何去解决。他们现在解决的是学习上的难题，以后要面对的是人生的难题，我们面对的是生命，而不仅仅是我要教授的这个学科的知识。我感觉我在面对学生的时候，已经不再是一个专业的数学老师，更多的时候我在"懂装不懂"。就像王校长所说，越不会的学生越好教，越不会的老师越能教得好，所以我们班目前呈现的状态是让我非常开心和自豪的。

案例三：神奇的九三班

——河南省顾县第一初级中学副班主任牛琳璐①

大家上午好！我是一中九三班的副班主任牛琳璐。今天非常荣幸有这个机会向老师分享我们在践行圣陶理念过程中的心得体会。

我们顾县一中在 2018 年的中考中取得了建校以来的最好成绩，125 名毕业生考上省重点——偃师高级中学。这骄人的成绩赢得了学生、家长和社会的广泛认可，这归功于我们学校创造性地成立了九三班。班内 30 名学生均为中等生，由贾校长亲任班主任，我任副班主任，所有任课老师都把这些原本几乎考取偃师高中无望的学生当成宝，立足学生现有水平，重视激发学生们的斗志，点燃他们必胜的信心，充分调动他们的学习自主性，使他们成绩大幅度提高。最后，班里的 14 名学生脱颖而出，考上了偃师高中，把不可能变成了可能，创造了我校初中教育史上的奇迹。

刚开始成立这个班的时候，贾校长还有全体师生，都认为我们班只要有两三个、三四个考上偃师高中就已经算是奇迹了。然而我也没想到的是，在第一次月考的时候，我们班学生就给我们送上了一个很大的惊喜，我们班学生本来在学校的排名是 61 名到 90 名，我们的目标是让更多学生进入前 60 名。在第一次月考的时候，我们班进入年级前 60 名的有 15 个学生，其中成绩最好的是徐世雷同学，排在第 21 名。期中考试结果显示，前 60 名中有 18 名同学是我们班的，成绩最好的徐世雷同学

---

① 河南省顾县镇第一初级中学教师。

排在第 11 名。在我们偃师市的第一次大练习和第二次大练习中，各有 16 名同学考入全市前 1600 名，这 1600 名同学是能够上偃师市的重点高中的。在第二次大练习的时候，全班有 28 名同学都比第一次大练习有所进步，其中进步幅度最大的是张一明同学，排名在全市范围内前进了 1197 名。

2018 年中考，我们班考入省重点高中——偃师高中的有 14 人，还有两位同学只差了一分，让人感到有些许遗憾。

在一次次考试中，九三班的学生们越战越勇，他们激情被点燃，自信心得到了大幅提升。在一次分享会上，关笑成同学说的一段话令我至今难忘。他说："八年级一年的疯狂放纵，让我差点迷失自己，是九三班的老师们将我带入正途，是贾校长和九三班改变了我的命运。九三班的学习氛围是我从未经历过的，它激发了我对学习的兴趣，让我爱上了学习。虽然我现在不是最优秀的，但我一定会努力成为最优秀的。"

在那次分享会上各位同学的发言令我热血沸腾。这就是"九三精神"，有理想、有斗志、有担当、有永不放弃的精神。

九三班成功的原因是什么？就是我们在真正意义上践行了圣陶教育理念。我特别受益于王校长的"以老师的状态激发学生的状态，以老师的智慧启迪学生的智慧"这句话，贾校长不断地用自己的激情和热情影响着、感染着我和九三班的学生们，自然而然就会激发学生们蓬勃向上的激情，让学生产生必胜的信念。九三班的成功，除了学生们的努力以外，最离不开的就是贾校长的辛苦付出。我一旦发现学生出现思想波动就会告诉他，他便会立刻抽出时间，邀请学生、家长还有我到他办公室座谈，给学生们做思想工作，直到触动学生的内心。贾校长的思想工作会让学生们和家长们都热泪盈眶。最后，学生们都会和贾校长"击掌为盟"，立誓努力学习，争取考上偃师高中。凡是和贾校长谈过话的学生们，都会脱胎换骨。

每次走入九三班，映入眼帘的都是学生们专注地学习和讨论的景象，消失的是老师们在讲台上滔滔不绝讲课的身影。课间的集体办公室，老师们身边经常围满了请教问题的学生。这种令人感动的场景的产生，源于学校对九三班的重视和期待。这种期待让九三班的每一位师生都萌发了担当意识，这种源自内心的担当意识，又让同学们激情迸发、奋勇前进。

我想让学生把琐碎时间利用到极致，于是我先给学生做表率，中午我只用了十分钟的时间吃午饭，放下碗筷我会第一个到班里面。为了让学生们养成自我反思、纠错的习惯，我会拿着他们的卷子熬夜到凌晨研究他们的错题。为了让学生背书更有激情，我会在寒冷的冬天为30个学生接满一壶壶的热水。为了向学生证明，想要有多大的收获，就要付出多大的努力，我连续十天在学校加班到十点钟，准备优质课。

我的执着和毅力被学生们看在眼里，记在心里，感动着他们，激励着他们。我认为身教重于一切言传。班主任性格会深深地融进班级中，进而形成班级性格。这种班级性格在我看来就是班级的学风和班风。

学生们三餐后进班的时间越来越早，在路上讨论数学问题的，边吃饭边背书、背单词的越来越多。课间没有一个人听见下课铃声，为一个物理问题而争得面红耳赤的现象，在九三班已十分常见。

王校长的另一句话对我的影响也很深。他说："我最喜欢差生，也从来不放弃差生。"这句话让我重新认识到作为一名教师的职责与使命感。九三班的每一位学生，在别人看来都是考取偃师高中无望的。但我认为学生有没有希望，完全取决于老师如何看待他们，对他们抱有多大的期望，在他们身上倾注了多少爱。我们班的物理老师常开玩笑说："琳璐，你有化腐朽为神奇的力量呀！"我笑着回应说："哪有那么神奇，只不过我愿意相信学生，我相信他们身上有无穷的潜力。"教师状态决定学生状态，我每天的头等大事就是将自己调整到最佳状态，想尽一切办法调动学生的积极性，让他们每天都充满正能量。

我们班有六个思想和行为比较极端的学生。我真的是用尽了全力，做了无数次的思想工作，才艰难地把他们从"深渊"中一点点拉出来。一名学生是单亲家庭，他两岁时妈妈就出车祸去世了，情绪极度不稳定，时而乐观，时而悲观地想要放弃自己的人生，经常一消失就是两三天。他爷爷说："我就不指望他上高中了，只要平平安安不出什么事儿就行。"但是，深入接触后我发现，这个学生特别知道感恩，他很聪明，我就以姐姐的形象出现在他生活中，默默观察他的一举一动，只要发现他神情稍微有点儿恍惚，我便会故意制造巧合出现在他身边，跟他谈心。慢慢地，他和我无话不谈，每个课间都会在我的办公室门前转悠，一看见我便会嘿嘿一笑。他说："老师，我没什么事，就想跟你说两句话，说完之后我学习就会有无限动力。"我问他："我有这么大魅力吗？"他说："真的有。"事实证明，他不仅越来越阳光，而且他的进步速度也令所有人惊叹。其他老师都很疑惑，问我怎么让他做出了这么大的改变，我也说不出什么方式和方法，只不过是发自内心地对他就像对我弟弟一样。中考成绩出来那一天，我接到了一个电话，电话那头一个老爷爷泣不成声。过了很长时间，他才开口说道："牛老师，谢谢你改变了他的命运，改变了我们一家人的命运！"

我们班还有一个自闭症患者，她每天都是低着头，满脸忧愁，不管去哪里都是独自一人，从来没有见她抬过头。我想打开她心中那扇紧闭的门，但是她每次都把我拒之门外。我非常心疼这个孤独的女孩儿。她想跟别人说话，只能给她妈妈打电话。后来我发现，每个月她身体不舒服的那几天，就会脸色苍白，我就会在她不舒服的那几天，每天默默地在她桌子上放一杯红糖水。这件事情我坚持了一年，还送给了她一个很可爱的暖手宝。她体育成绩是全班最差的，体育老师说她天生就有运动障碍，但是每次体育锻炼，我都换上运动鞋和她一起跑步、跳远。我要让她知道，她不是孤独的，她还有我的陪伴。有一次在校园偶然见面，她抬头对我笑了，当时我眼泪夺眶而出，我终于看到了她眼中有光、有希望。

有一次我们数学老师刘老师说："你知道吗，她数学考了108分，全年级第一名。"在那天，这个女孩在我桌子上放了一张字条，上面写着"你就是我的女神，你就是我生命的光！"想要打动一个学生内心，不需要做出多么惊天动地的大事，只要发自内心地爱他们，就会走进他们的内心。我认为教师只要有爱，班级就会有灵魂。

很多人都问我，你们九三班这么成功，你的教学方法是什么？我真的没有什么特别的高于常人的教学方法，我的秘诀只是对学生的耐心、信心和期待。这让我想起来刚来圣陶的几次，我也疑惑为什么在这看似平凡、普通的校园，每天都会有奇迹出现。我想原因就在于王校长，还有圣陶学校的老师对学生们的信任和无穷无尽的爱。在圣陶理念的指导下，我们学校取得了优异的成绩，我们将在未来工作中，更加努力，做得更好，让圣陶理念在我们顾县一中传承下去。

最后，我想感谢王校长对顾县一中全体老师的耐心教导。非常感谢贾校长对我们九三班的付出，还有对我的信任。

这样的奇迹，这样的创新，在圣陶学校或是学习践行圣陶教育理念的学校中，每天都在发生，每天都在续写圣陶教育的新篇！

圣陶学校寓意圣贤文化陶育英才，王校长的教育思想体现在：

圣陶学校的学生们，

表情是轻松的，行动是果敢的，眼神是友善的！

圣陶学校的老师们，

是真正的英雄，正在培养一批又一批的英才，正在创造属于他们的辉煌！

圣陶教育告诉我们，

学习原来这么简单，学习原来这么有趣，学生原来这么聪明！

第五部分 **05**

王天民教育思想研讨会

图 5-1　王天民教育思想与教育方法研讨会

图 5-2　王天民教育思想与教育方法研讨会与会人员

一、主旨发言篇

（一）何谓圣陶教育

王天民："顾名思义，圣，圣人，圣贤；陶，陶冶，陶育。圣陶，就是指应用古代圣贤文化，陶育现代世纪英才。圣陶教育的'圣陶'，有叶圣陶的影子，但也已经离开叶圣陶了。"

（二）圣陶教育的核心理念

王天民："以《易经》作引领，遵循天道。天道就是大自然或者宇宙的规律。

"以《老子》作管理，核心是实行无为而治。校长对教师无为而治，教师对学生无为而治，这是一种理念，并且我们已经开始实行了。尽管还存在许多问题，但已经有了巨大的收获，受到了全国各界人士的广泛称赞。圣陶学校十多年来，对教师没有精细管理，没有检查过教案，没有检查过作业，没有签到，没有基本的考核。只用三条法则来管理教师，而且三条法则也都不是学校制定的：第一，作为教师，应该遵照、遵守国家的法律及政策，不得做违反我国宪法、法律、行政法规的事情；第二，作为中国的教师，一定要传承中华民族的传统美德；第三，作为教师，应该有教师的职业道德。这些都是对教师的自我管理提出的要求，无为而无不为。近年来，圣陶的老师大多数兢兢业业，当主人翁，以主人翁的姿态来对待教学，这是有目共睹的。

"以'孔子'作教学。孔子有很多核心理念，最重要的一条就是因材施教。用佛学观点来说就是'一花一世界'。这是对现行班级授课制的一些挑战和一些补充。

"以'诸子'作辅助，全面发展。对于'诸子'我是这样定义的，除儒家、道家以外的其他学派是'诸子'，诸子百家。另外，古今中外的圣贤名人也都包含在内，例如科学方面的、文学方面的、医学方面的、政治思想方面的等，这样才能做到全面发展。传承这些圣贤的思想，可以作为辅助手段，促进学校、教师、学生全面发展。

"以互联网为平台，运用现代科技手段，使教学与时俱进。只有这样教育才能长盛不衰，才能发扬光大，才能以天下事为己任，培养现代英才、世纪英才。

"总而言之，圣陶教育的核心理念就是以《易经》作引领，以《老子》作管理，以'孔子'作教学，以'诸子'作辅助，以互联网为平台，以天下事为己任，培养现代英才、世纪英才，为建立人类命运共同体而努力。"

（三）圣陶教育有何独特之处

王天民："圣陶教育以传道为主，授业为辅；以育人为主，以教书为辅。总体来说，圣陶教育是大学的教育，不是小学的教育。大学之道，在明明德，即教圣贤之道的教学。什么叫小学？古时叫'六艺'，现在叫'术'，也就是知识。知识是载体，传道才是核心。"

（四）圣陶教育如何操作

1. 圣陶教育是因材施教

王天民："圣陶教育是最容易学习、最容易操作的。在教学中，提倡因人而异、因材施教，鼓励发展，鼓励张扬每个学生的个性，健康、阳光、正能量这三个关键词就是圣陶学校对学生的总体要求。健康，是指身体健康。阳光，是指心情阳光。正能量，是指每时每刻浑身上下都充满积极向上的正能量。圣陶学校的学生答题不强求都答对，即使犯错也敢说的学生才是真正的英雄。如果学生学会了，敢答很正常，如果不会，敢举手，敢上台演讲，才更值得鼓励，更值得其他人学习。

"圣陶教育跟其他教育方法最显著的不同就是：答错不算错，不答才算错，培养的是学生的勇气。我提倡对学生的努力程度给予评价，努力了今天就是满分，不努力再好也得不了满分，鼓励每个学生跟自己的以往相比。这是圣陶教育评价里最有特点的，也是最有效的方法。

"圣陶教育鼓励学生从小选择自己的目标，以便真正地达到因材施教。圣陶学校不以升学为唯一目的。我经常跟一些教育家、老师、家长谈这个问题，不为升学为就业，不为就业为事业，不为事业为幸福。不仅个人幸福，而且家庭幸福。这么多年来，圣陶是这样做的。"

2. 圣陶教育的课堂教学一句不讲，全班都会

王天民："学习圣陶教育最基本要做到：一个知识点，三五分钟，两三句话。符合这一要求的才能算圣陶教育的一分子，不符合的圣陶教育可以作为你的借鉴。圣陶也在发展，'一句不讲，全班都会'来自教师的智慧，小学数学和中学数学、物理、化学的基础知识，任何一个知识点都可以达到一句不讲，全班都会，至于难题，要靠学生自己领悟、钻研，要给学生足够的信任，相信他们每个人都有很大的潜力。"

3. 圣陶教育的基本标准

王天民："圣陶教育需要规范，需要一个基本的标准，首先要思考三个问题：作为人何谓正确？作为教师何谓正确？作为学生何谓正确？

我做出了这样的总结：用一个字来说叫作'爱'；用两个字来说叫作'利他'；用三个字来说叫作'致良知'；用四个字来说叫作'敬天爱人'；用五个字来说叫作'为人民服务'。这不作为圣陶的理念，但是圣陶需要借鉴的内容。圣陶教育海纳百川，最终的目的就是以圣贤文化陶育英才，为实现人类命运共同体培养人才，让中华文明与世界文明相交融……"

二、学习践行圣陶教育成果分享篇

（一）传承圣陶理念、创建校奇迹

——践行圣陶教育案例之一：河南省顾县镇第一初级中学（发言人：贾占通[①]）

尊敬的王校长，各位领导，各位老师：

上午好!

我是洛阳市偃师市顾县镇第一初级中学校长贾占通，我校是一所公立学校，近几年在践行圣陶理念这方面做了一些探索，取得了可喜的成果。本次受组委会邀请，简单地把我们的做法分享给各位，希望能对大家有所帮助。

2014年10月23日，在我们当地教育局主管教学的副书记的带领下，我第一次来到汝阳圣陶学校参观学习。随后我们又分批次带领我校的全体教师、部分学生多次参观圣陶学校。圣陶学校的"单科独进"

---

① 河南省顾县镇第一初级中学校长。

"开卷练、闭卷考""小组合作"这三大法宝和"任务具体""落实到位""严格检测""合理奖惩"这四大秘密震撼了我，让我在接下来的四年中百余次走进圣陶、探访圣陶、学习圣陶、理解圣陶、传承圣陶。

随着探访圣陶学校的次数的增多，我对王校长的崇敬之情也越来越深。渐渐地，我确立了自己的人生目标：在今后的工作、生活中以王校长为榜样，虚心求教，积极进取，认真学习，修正身、走正路，充分发挥自己的能力，提升自己的人生价值。同时，还要用心说话、用爱做事，为顾县一中、为教育事业鞠躬尽瘁，无怨无悔。我将圣陶教育理念与公立学校的实际情况和特点相结合，推行了分层组班、自主学习的新方案。

1. 我们是真正的英雄

"我们是真正的英雄"是王校长常说的一句话。随着近些年来城镇化的加快，农村的初中学生大量向城市流动，很大程度上影响了农村初级教育的生源。

我校是农村的初级中学，没有小学，只有初一、初二、初三这三个年级的学生。一所普通的农村中学，要想在教育的百舸争流中脱颖而出非常不容易。一所学校的发展肯定离不开教学的改革，然而教学改革最缺乏的是灵魂，面对农村生源不断流向城市的现象，面对保证教学质量有提升的要求，我和全校老师一直苦苦探索，寻求改革的出路。正是这时，我接触到了王校长提出的"无师课堂"，这个理论让我茅塞顿开，便开始逐步在我们学校尝试，进行学生自主学习的实践探索，努力唤醒中学生自主学习的意识，培养学生的自主学习能力。

2017 年暑假以后，我们结合本学校的实际，把毕业班的中等学生作为学校的第一个实验点，由 30 名中等生组成了九三班，我亲自担任班主任，全程参与班级管理，重点培养这些学生的自主能力，同时配备副班主任牛琳璐老师，负责这个班的日常工作。这个实验班的组建意味着我们真正意义上开始践行圣陶教育理念。入班之前，这些学生的成绩处于中等水平，学习习惯也不太好，老师和家长都认为这些学生是考不上重点高中的。但是通过我们一年的努力，在2018年河南省的中考中，这个班的30名学生中有14名考入了河南省重点高中，创造了我校历史最好成绩。14名学生家长非常感谢我们，给我们送了15面锦旗，其中1面是给学校的，另外14面都是给这个班级的。

2. 教师要做"唐僧"，学生要做"孙悟空"

这也是王校长常说的一句话。这句话是要求教师在上课的时候，让学生做课堂的主人。

刘小娟老师是九三班的数学老师，刚开始上课时，她会把那节课学生需要掌握的内容罗列出来，然后让学生去研读，她则能不讲就不讲，真正变成了"唐僧"。老师要做的，是掌握时间，让学生围绕课本展开讨论，引导学生按照教学进度自主学习。学生遇到解决不了的例题、难题时，教师再给予简单的点拨，重点还是让学生自己去解决问题。每个环节学生的情绪都非常高，有时候甚至会大声辩论，课堂看似非常混乱，实际上只是那些学生的积极性被充分激发出来、调动出来了。学生们非常喜欢这种课堂，他们愿意在同学面前、在老师面前充分地展示自己，也希望得到老师和同学们的认可和鼓励。

以前听老师讲课，学生总犯困、打盹儿，而现在通常是热烈讨论、相互帮助，我不会的题问问你，你不会的题问问我，更容易集中精力，更容易解决问题。甚至有些学生还争先恐后地给别人讲题。

在实际教学中，教师讲解知识点的作用被弱化了，但是学生自主学习的能力得到了提升。学生们通过自主学习、合作学习，真正成了课堂的主人，可以轻松、自如、自愿、自觉地去学习。通过一年的实践，这些学生的确让人刮目相看。

3. 一流教师教状态

这是王校长对老师提出的要求。自主学习的秘密，实际就是学生的学习状态。只要帮助学生把学习状态调整好，他们的自主学习就不是问题了。可是在公办学校，多数老师生怕他们讲的东西学生掌握不了，课堂45分钟他们还嫌不够，想占用第46分钟，我在会上多次强调不允许老师把整堂课占满，但是有的老师还是做不到这一点。

有一次我在检查课堂教学情况的时候发现了一个问题，一名老师正站在讲台上讲课，我看了一眼就走了，但是走到楼道的尽头又返回了刚才走过的那个教室，结果看到那名老师还在滔滔不绝地给学生讲解知识点，他没想到我会回来，一看见我就连忙停止了讲解，改为让学生自己讨论。他看着我，稍显尴尬，因为我要求不允许老师上课时讲太多。一下课这个老师就找到我，和我解释说："我得讲，我讲了十遍学生还不会，你不让我讲他怎么会？"其实圣陶的教育理念说得很清晰，讲得再多，在学生没有用心听的情况下也是徒劳。有一次考试，一个初三年级数学老师特别激动，告诉我有一道大题他前天刚讲过，押中了题他感觉非常惊喜、非常激动，还说他带的班级这回肯定能考好。结果考试成绩出来后他大失所望。教学效果不理想是因为这位老师教的是方法和知识，而不是状态。我要求顾县一中的老师们都做一流教师，首先调整好我们自己的状态，然后教学生调整状态。经过几年的实践，现在我校老师和学生的状态都大为改善，有的学生学习特别积极，晚上宿舍熄灯后他还要开着充满电的小台灯继续学习，而且一点儿也不觉得累。

九三班有一次遇到了一个情况，数学老师临时外出有任务。我很担心学生上课时有没有在认真学习，会不会在玩，于是不自觉地走进了教室，当时的场面让我非常震惊。数学课代表一会儿给三个小组长讲题，一会儿问同学们第四道题研究出来没有，一会儿又点拨大家一下。在他的带动下，每位同学都在认真学习、认真思考。学生告诉我："老师讲不如我们商量，印象更深。"

有一个年轻教师说："随着课改的深入，各科工作的开展，按照圣陶学校的教学方法，学生的自主学习能力得到了提升，他们能够快速地、全面地对知识进行解读，随后主动进行知识的复习、巩固、深化，这种方法真的打破了传统的教学和学习模式，而且效果更好，真的是事半功倍。"

我校的业务副校长还说过这样一段话："九三班的模式点燃了学生争当英雄的斗志，增强了学生的自信，强化了成功的喜悦，真正激发了学生向上的动力。家长也深有感触，学生的变化非常大，他们更加自信了，更加开朗了，也越来越快乐了。"

4. 让学习成为常态、成为习惯、成为信仰

当学习成为常态、成为信仰时，学生就会排除一切干扰，努力向前进。

2018 年中考结束，我校收到了 15 面锦旗，这些家长都说学生的变化特别大。有一个家长说他的孩子原来在二中学习，后来因为合校，来到了一中。原本他们以为孩子最多只能考上一所普通高中，甚至连普通高中都上不了，结果没想到他考上了偃师高级中学，他们一家人都特别激动。这就是把学习当成信仰的效果。多数学生都养成了良好的学习习惯后，这个班的学习氛围就会变得非常浓厚，不学习的人会显得无法融

入集体，这就会促使他们主动、努力地去学习，他们也会把学习当信仰，每时每刻、分秒必争地学习。

5. 做最好的自己

"如果超不过别人，就做最好的自己"这句话对我的启发也很大。我校在乡村，要跟县城的学校争优秀生是永远争不过他们的。教育局一个副局长到我们学校，我告诉他我们不跟他们争优秀生，我们要做的只是打造这片中等生的天地，让每个学生有进步，成为更好的他们。我在努力做最好的自己，也努力引导我校的教师，引导我校的学生，甚至引导他们的家长，不一定要做最优秀的人，做最好的自己也是一件值得骄傲的事情。

最后，我想用《易经》的第四卦——蒙卦来做结束语："匪我求童蒙，童蒙求我。初噬告，再三渎，渎则不告。利贞。"这是我印象比较深的一卦，在实践中，我们要结合自己学校、自己班级的实际去充分理解、充分领会此卦在教育教学中的意义，相信大家也一定能造就属于自己的辉煌，谢谢各位！

（二）从五十多所学校中脱颖而出的无冕之王

——践行圣陶教育之二：安徽省蒙城县汇贤中学

1. 生源质量和学校排名双重提升

戴全志[①]："我校在安徽省蒙城县，叫作'汇贤中学'，当年我们办学校的时候，想的是如何会聚贤士，培育贤才，汇天下英才。这些是我们的梦想，但是现实和梦想往往会有一些差距，例如，民办学校生源质量不稳定，教师队伍也主要靠自己培养，要让这些老师在学习中成长、

---

① 安徽蒙城县汇贤中学董事长。

在实践中成长。而且这些老师流动性很大，远没有公立学校的教师队伍稳定。

"我校是从 2017 年开始学习圣陶教育的，我组织老师带着学生一批一批来圣陶学习。两年多的时间，我们来了十几趟。目前，我校对圣陶教育理念的学习还仅仅是刚入门，但是我觉得效果非常显著，学生进步的速度特别快，下面我跟大家分享一下我校学习圣陶教育理念后的实践成果。

"下面是两年前和现在我校生源质量和学校排名的数据：蒙城县 140 多万人口，公立初中和民办初中一共 56 所。今年是我校建校的第 20 年了，这 20 年基本是公立学校先招生，招完了民办学校才能招，所以生源质量很不稳定。我校规模并不大，办学条件也不是很好，目前有在校生将近 1600 人。1999 年刚建校时，我校主要进行的是高中阶段的教育，后来在 2009 年改为只招收初中阶段的学生。那时学校的教学质量不是很好，我就开始思考进行教学改革，所以曾经去过很多学校交流学习。《中国教育报》《中国教师报》《人民教育》等报纸和杂志上宣传过很多学校，我只要觉得这所学校的经验值得借鉴，就会去那所学校参观学习。经过这些年的努力，2016 年中考，我校学生的平均分排到了蒙城县第十名。2017 开始学习圣陶教育后，我校学生的成绩得到了进一步的提升，中考平均分是全县第七名。2018 年中考，我校平均分再创新高，成功跃居全县第二名。

"我校的招生情况也得到了改善。2017 年亳州市教育局首次组织了初一新生摸底考试，那一年我已经觉得生源质量有所提高了，但是我校在蒙城县仅排在第二十九名，可想而知，2017 年以前的生源质量只会更差。2018 年的新生摸底考试，我校的排名升到了第十四名，生源质量大幅提升。在学习圣陶教育理念后，我校获得了生源质量和学生中考成绩双重提升的可喜成果。"

2. 学习圣陶必须到课堂去

戴全志："学习王校长的教育理念、教学方法，不能光听他说，还必须到课堂中去，必须听他讲课，这样才能有更深刻的体会。我每次来都不仅是带老师来，而且带学生来，师生一起学习。

"我每一次来圣陶学校都是这样：一方面听王校长讲他的教育理念、教育思想和最新的教育实践成果；另一方面观摩王校长亲自给我校的学生和老师上课，我们会根据自己对这个理念的理解，根据我们对圣陶教学方法的掌握，回去以后马上付诸实践。我们的实践过程就像写毛笔字一样，一开始就是描红，王校长怎么做，我们回去就怎么做。在实践的过程中去体会、去感受，实践一段时间后我们再来，然后回去根据新的体会，再进行改进。要想真正学习、了解圣陶的教育理念，就必须到他们的课堂中去。虽然王校长说，教学应该是传'道'而不是传'术'，但是我认为'道'就体现在'术'中。教学的'道'，决定教学的方法，决定教学的'术'。离开'术'去谈道，是讲不清的，它决定了'术'。"

3. 先广泛实践，再精准调整

戴全志："王校长现在还在教学第一线，天天坚守在课堂上。我没有教学经验，不能给学校的老师做示范。怎么办？我的做法就是督促所有老师都去实践，做得好、做不好也都要先去做这件事。就像王校长说的，'学会、没学会都没关系，跟着走就行'，我对老师的要求是，只要你做就行。

"我们的做法叫'先开枪后瞄准'，也就是先广泛实践，再精准调整。不管实践的效果如何，总要先开始实践。如果总是想着如何才能更好地实践圣陶教育理念，总是做计划而不真正付诸行动，那么永远也无法有收获。只要进行了实践，就会有体会，老师之间可以先互相探讨，然后过段时间再来圣陶学习，回校之后继续完善自己的教学方案。我们这个做法就是这样，而我最重要的任务就是督促所有老师去实践，去把自己的课上好。

"整理教材，单科独进，我们一直在做。我校已经取消作业两年了，我不允许老师给学生布置任何作业。前几天，我给张立秋老师转发了一篇杨东平院长的文章。现在有一些人说老师不给学生布置作业是为了减轻自己的工作量，这是坑害了学生、蒙骗了家长，是不负责任的表现。杨院长写的那篇文章就驳斥了这一类想法。我校在两年多以前就取消作业了，学生一点儿作业都没有，但是成绩依旧在稳步提升。蒙城全县56所初中，我们排名第二，所以不布置作业并不代表着不好好教学生，更不代表教不好学生。

"不布置作业并不是减少了学生学习、练习的内容，而是采取'单科独进'策略，提高学习效率，一切问题在课堂上解决，一切练习在课堂上完成。只有效率足够高，需要学习的内容都在课堂上完成了，才有可能在课外禁止作业。学生在这一过程中学习效率提升了，学习状态更好了，而且课后没有作业的束缚，反而能更自由地去学习更多想学的内容，个人能力也就会得到不断的提升。"

4. 整理教材是为了舍弃教材

戴全志："王校长对于教学强调的是：分类推进，逐步加深，看清道路，小步快跑，步步落实，全员跟进；教学设计上要形式上由高到低，'直接上山'；内容上由低到高，'步步下山'。具体要怎么做呢？

"首先，我们组织老师进行教材整理。王校长说一定要舍弃教材，但是舍弃教材，必须有一个过程，必须先掌握教材、整理教材、消化教材，然后才能谈到舍弃教材。教书不是在真空中教，我们的教材、考试，国家都是有相关规定的。很多人评判一所学校的教学质量如何，首先看的就是这所学校的考试成绩怎么样。因此，教学内容不能完全脱离教育部的教学标准。我校现在把老师分成几个大组，还有几个小组，对各科教材进行分类整理。英语、语文、数学、物理、化学、历史、政治、地理等。我们以小学一年级到初中三年级为一个整体，打乱年级，把教材一部分一部分地按照同类项进行整理。例如，数学中的代数部分由一些人整理，几何部分由一些人整理，函数部分再由另一些人整理；英语也分了很多个专题进行整合。我们要做的就是合并同类项，将九年的教学内容条理化整合。只有一条一条地理清楚了，掌握了，老师才能舍弃教材，才能进行单科独进的教学。如果没有这个前期工作，'单科独进'是不可能完成的事情。"

5. 期待把圣陶教育理念变成可操作的行为规范

戴全志："刚才王校长在讲话中也谈到了，圣陶的教育理念需要规范、需要标准。我听到以后非常高兴，的确是这样，无论何种理念都必须把它细化为具体的方法，必须把它变成真实的、可操作的行为规范，这样老师才能有章可循。如果没有一个具体的规范，对各种工作没有具体的标准，全靠每一个老师去悟，那么这项工作其实很难推广。绝大部分的老师，包括我本人，是不可能像王校长那样教育、教学都能做到随心所欲而又不逾矩的。王校长现在能做到，和他这一辈子的积累息息相关，但是不是每一位老师都有他这样的阅历。

"我们要研究王天民的教育理念、教育做法，要想把它推广开来，把它发扬光大，必须逐步地把它变成规范，把它变成一个个标准，甚至要形成基本模式，只有这样，将来才能把它传播出去，让更多的人受益。

"根据我对王校长的教学的观察和理解，以及我校的实践和体会，从去年上半年开始，我们对王校长的教育理念、教育方法进行梳理。梳理出来的内容我们每个学期都要进行一些小的修改，因为王校长的教学方法一直在变，但是万变不离其宗，他的基本理念是没有变的，就是培育圣贤、培育英才、培育大贤，教大学不教小学，培养能够以天下为己任的、为人民服务的人。那么，到底怎么达到这个目的？需要走哪些路，有哪些具体措施、具体步骤、具体方法、具体程序呢？这是一定要整理出来，给其他想要学习圣陶教育理念的老师参考的。"

6. 第三种关系很振奋人心

孙凤国[1]："今天在这个会上，我想从一名老师的角度来谈谈圣陶教育，谈谈王天民的教育思想。2017 年第一次来到这里时，圣陶的教育思想和教育方法都给了我很大的震撼。王校长的一些理念耳目一新，他发现了第三种教学关系。第一种传统的教育关系，以老师的教学为主；第二种教学关系是以学生的学习为主，教师讲解知识点为辅。但是后来，王校长发现了第三种教学关系，在课堂上的绝大部分时间都是学生在学习，老师的主要任务不再是讲解知识点，而是引导、陪伴学生学习，或者是激励他们学习。在圣陶学校的课堂上，你会感觉老师不像老师，老师有时自己也不会。我听过几节课，看到过这种情况，有时候学生遇到一些不会解答的问题就去问老师，但是老师也不会，怎么办呢？那就老师和学生在一起研究，老师去研究思考，学生也去研究思考；老师遇到了难题问学生，学生遇到了难题问老师。遇到实在解决不了的问

---

[1]　安徽蒙城县汇贤中学校长。

题他们还会去找王校长，然后学生、老师和校长就在一起探讨问题。

"《中国教师报》曾经报道过王天民发现的第三种教学关系，目前在我接触到的学校中，只有圣陶学校真正体现了这种'师非师、生非生，师亦生、生亦师，生生互动、师师互动'的非常有生机的第三种教学关系，这种关系很振奋人心。对我这样的一名普通的教师来说，这是能够触动我心灵的东西。

"圣陶学校的课堂真实地呈现了师生齐动脑筋的景象。以前我校开展课程改革开展了十年，有的老师提出要创建高效课堂，师生在课堂上都要多动脑筋，认为只有这样的课堂才是好课堂。这项工作说得轻松，但是落实得并不好。后来，在王校长的课堂上，在圣陶的课堂上，我们看到了这项工作真正的落实，师生都要动脑筋，不动脑筋这个教学就无法进行下去了，这个题目也就解决不了了，我看到之后豁然开朗，觉得这种形式非常好，是一种值得大家学习的形式。

"圣陶学校的课堂，最了不起的就是老师一句不教，全班都会，这种教学方法对学生的影响是深远的。老师为什么不讲？因为要引导学生去思考，让他们发自内心地愿意去思考，这样才能达到更好的效果。王校长将这一点融入他的教学，他不是简单地强迫或引导学生去思考，而是充分相信学生拥有无限的潜力，激励学生不断思考、不断学习、不断进步。

"在对学生的信任方面，圣陶学校也做得非常好。如果没有来到圣陶学校，没有亲自走进王校长的课堂，有人告诉我小学一年级的学生能够学会初三的几何知识、化学知识，我是不相信的。多数人，包括一些研究教育学的专家，也不会相信。但是圣陶学校确实做到了这一点。圣陶给我们的启发就是：学生的潜力是无限的，只是作为教育者，要认真思考如何去点燃、去激发，把学生的潜能激发出来。

"大概八年前，戴校长带着我们全体老师讨论我校的教师誓词，里面有这样四句话：'相信学生，依靠学生，解放学生，发展学生。'通过这几年对圣陶教育的学习，我感觉这四句话与王校长的教育思想有不谋而合的地方。相信学生、依靠学生，就是让学生自己解决难的问题，并且要始终相信他们，然后再去解放学生，这样才能够让学生有更大的空间发展，才能够让他们自由翱翔。"

7. 老师的教学是学科教育而不是学科教学

孙凤国："学习圣陶的教育教学理念对我们老师的影响也很大。在传统的教学管理中，评价一个老师优秀与否，主要是看这个老师是否能够把自己教的那个年级的课本研究好，把这个年级的课教好，如果这两点做得好，那么这个老师就是个好老师，但是圣陶学校不是这样的。在圣陶，一个老师只带好一个年级的课，不算一个优秀的老师，即使他经验丰富，学生成绩优异，也不能说他是一个优秀的老师。如果一个老师即使经验不那么丰富，但是能从小学一年级教到初三，或者能站在一定的高度上去进行教学，那么他也称得上是优秀的老师。这一理念也给了汇贤中学一个极大的推动力，老师们达成了一个共识，我要教好这一门课，就不能仅仅是一个学科的教学，我要从学科教育方面做好这一科的教学，要站位高一些，对它的研究更深一些，就像王校长在课堂上体现出来的他的那种教育之道。只有老师自己站位高，才能够驾轻就熟，学生才能够在学习过程当中和老师一起感觉到轻松。这是从老师自我提升的角度来讨论的第一点，我认为这是值得在这个会议上交流的。

"第二点，老师要成为一个全科教师。圣陶学校建校纪念碑的碑顶是一个水桶图案，寓意老师要想给这个学生一碗水，就要先有一桶水。后来在碑的东面，王校长又补充了一句'问渠那得清如许，为有源头活水来'。其实他是在传递一种思想，作为一名教师、一个教育者，有一桶水还不够，还要有源头活水，也就是说要不断学习、不断进步，这样才能在教育的行列中站得住、站得稳。所以，我们在和王校长、圣陶学校学习过之后，也在一步步进行尝试。在戴校长的带领下，我校在尝试培养全科教师。一个老师既教语文，又教数学。我认为对于基础教育比较薄弱的地区，特别是师资力量比较匮乏的地区，这一点极为重要。我看到圣陶学校的很多老师就是不仅可以教语文、数学，还可以进行英语教学，而且是老师和学生共同学习、共同研究。"

8. 想学圣陶，必须进教室

孙凤国："圣陶的教育教学理念，对我校的贡献是非常大的。我们带领老师来学习，带领学生来学习，同时我们校领导自己也在学习。多次的学习过后，我们对本校的课程改革方向已经非常明确了，而且全校教师坚定地达成了共识。在这里还是要非常感谢王校长，因为每一次来交流的时候，我们都有新的收获和启发。

"今天上午，戴校长也在会上说过，要想学圣陶，我们必须进教室，必须坐下来，必须去发现，发现过之后去思考，思考过之后去讨论，讨论过之后去落实。在落实的过程当中再去观察，去发现在实践的过程中有哪些问题，然后再回来与王校长进行交流，这样才能真正领悟到圣陶的教育思想。圣陶教育思想从教学、从大的学科角度来看，可总结为'三遍学'：第一遍，学习的是一种知识的框架，教师带着学生，让学生学习知识的基础框架；第二遍，是完成一些题目的练习，或者几天完成教材上内容的学习；第三遍，就是用中考真题进行练习。

"我非常认同这种做法，我教学将近二十年，也认为我们的教材对学生的学习造成一些阻碍，这些阻碍体现在什么地方呢？以数学课为例，每一堂数学课，都有一个基础知识点，然后是例题，例题后面还会有提高题、拓展题、延伸题，到最后的思考题等，每一堂课其实都是在往更深入的地方走的，每一堂课学生基本都会遇到一定的'障碍'，也许这个'障碍'是拓展题，也许是思考题。这些'障碍'也许会让学生苦思冥想却也无法解答，也许会阻碍学生学习下面的内容的步伐，也许还会让他们自信心受到打击。但是在圣陶，每一堂课学生都会感觉很轻松，这就是教材整合的一个最大的好处。每一堂课都是一条提高线，一个台阶，一堂课走上一个台阶就可以了，例如学完基础知识之后，这堂课的内容就都完成了，学生会有极大的成就感，自信心和学习的兴趣也会随之提升。"

9. 圣陶的教育方法像耕地、犁地

孙凤国："最后我把王校长的教学方法比喻为耕地、犁地。耕地、犁地大家应该都知道，第一遍，就是扶着犁子把土翻起来，很有可能这一遍过后有没犁到或者需要再犁一遍的地方，但是无论如何，也要先进行这第一遍犁地。放在教学中，就是必须在进行过教材整合后，把需要学习的知识点都教给学生，即使学生有没学会的知识点也没关系，重要的是先让他们大致了解需要学习的内容。

"第二遍，找'生地'，去找需要再犁一遍的地方。第二遍教学，是抓重点的教学，学生在哪个地方问题比较多，就重点解决那个地方。例如，一元二次方程学得太好，就可以抽出一整堂课单独训练一元二次方程。这一遍的重点就是解决问题。

"第三遍，用耙子把地耥平。这一遍是为了考试、为了中考，把所有的内容再全部复习一遍，尽量保证没有漏洞。学习的'土地'平了，学生就可以在上面很自由地学习了。'三遍学'的思想就好比犁地，只

要每一遍都抓住重点进行教学，效果自然而然会显现出来。"

（三）从招生困难到一籍难求

——践行圣陶教育之三：河南省郑州市二七区先锋外国语学校（发言人：陈玉芳①）

尊敬的王校长，在座的老师们、各位同仁：

大家下午好！

在遇见我们圣陶以后，我校变化很大，进步很快。现在我把我校学习到圣陶的思想和取得的一些成果和大家进行一个分享。

1. 学习圣陶教育解决招生难

郑州先锋外语学校是一所"小小学"，学校规模比较小，我们只有小学；班额也很小，每个班级只有 36 名学生，所以我称之为"小小学"。在这一所"小小学"里面，不能够改变的是我们的地理位置，在郑州的四环以外，非常偏僻。我们的学费在整个郑州市来看，是处于中上等的。前几年招生非常困难，每到招生季老师们都会去发传单、打电话，主动去找各种资源联系家长，但是作用也非常有限。

2016 年暑假，我遇到了王校长并开始学习和践行圣陶教育理念。从 2016 年到今年，我们已经走过了两年半的时间，现在我校的情况和以前相比已经有了很大的改变。今年我们计划组建 4 个班，共招收 144 个学生，但是预报名学生已经超过 200 人了，老师们再也不用去发传单、找生源了，所以现在招生这项工作我们很有信心、很有底气。

2. 学习圣陶学校"包班"做全科老师

2016 年暑假，我们来圣陶参加培训，回去以后我们就开始进行实

---

① 郑州市二七区先锋外语学校校长。

践，彻底改变原有的教学模式，学习圣陶教育。我原本是一名语文老师，也是六年级的班主任，从圣陶学习回去之后，我就下定决心：六年级这个班的语文和数学都由我来教，进行"包班教学"。参加完圣陶培训的第一年，我们就做了这样一个决定。

现在我校共有 17 个班，通过两年多的实践，在这 17 个班级里面，目前能够达到"包班教学"水平的班主任老师有 15 个，而且这些老师都是教全科或跨学科、跨年级进行教学的，要么是同时教语文和数学、语文和英语，要么是跨年级教数学，还有的是音乐老师教语文、体育老师教数学，等等。

教师"包班"带来的好处之一就是老师的福利待遇提高了。我们真的是很感谢王校长，把这个理念带给我们，给我们创造了福利。我们可以带领老师去全国各地乃至世界各地参观、学习、游玩。这样的奖励机制是调动老师的积极性的很关键的因素。我们想将学生培养成有大格局的人，拓展学生的视野，但是如果老师没有丰富的阅历是很难做到这一点的。例如，一位老师只在画册上见过蒙娜丽莎像，那么他给学生讲解时是无法讲出非常丰富的内容的。但是如果他真的到过卢浮宫，看到过蒙娜丽莎画像，然后再进行五年级课文《蒙娜丽莎》的教学，效果就会变得不一样了，他的那种自信学生是完全能够感觉到的。

现在我校已经形成了核心的团队，团队中的老师，例如现在的教务主任、高年级的年级组长，也和我一样，全部都是从一线老师做起，从学科老师到班主任，再逐步进入管理团队的。我们既能做教学工作，又能做管理工作，还能够做更多的事情。我们是积极向上的，我们管理的老师们也都是积极向上的。在这样一批老师的带领下，学生呈现出来的状态自然也是自信阳光、积极向上的。

3. 整合教材从 1.0 版到 3.0 版

我校的教材已经整合了两版，现在已经进行到 3.0 版了，而且是网线覆盖式的。我们一回去就从数学学科入手进行教材的整合，对从小学到初中的全部知识点进行梳理整合，我们称之为 1.0 版本。接下来的 2.0 版本是将这些知识分出层次，让老师在授课的时候，用最简易的方式把它呈现出来。今年我们整合的是网线覆盖式的 3.0 版。老师教学可以从低到高进行，可以从高到低进行，还可以从中间往两边进行，因为它是网线覆盖的形式。

现在先锋学校的数学教材，整合的是从小学一年级到初中三年级的全部内容，包括计算、图形、解决问题、统计等，分了几大版块，每一版块都可以从最简单的内容一下子教到最难的内容。比如教高年级的老师，可以先把初中的知识教给学生，然后再往下延续小学的。低年级的老师可以从一年级的往上教，到中年级后还想尝试的话，往上教也行，往下教也行。这样整合起来以后，又分成层次，从易到难，从难到易，分几步走，对于老师来说就非常好把握了。

4. 让学生爱上学习

给大家分享一个小故事，这是去年九月入学的一年级的学生，刚来的时候不知道什么是学习，第一次月考两科都只考了 20 多分，但是其实我们都能看出来，她是一个挺聪明的孩子。第二个月的时候，这个学生回去和她妈妈说："妈妈，我现在要开始学习了。"她妈妈问她为什么想要学习，她说："我感觉在这个学校里面，在班级里面，好像爱学习的学生朋友很多，所以我要学习。"

现在在我校经常会看到两种情况，一种情况是，晚上八点半晚自习后，很多学生包括老师，到九点半了才离开，如果不是门卫要锁门，让学生回宿舍楼的话，也许还会更晚。另一种情况是，学生回到宿舍，借着卫生间的灯光学习，不仅是高年级的学生，其他年级的学生也是这样。由此可见我校学生对于学习的热爱。

如何做到让学生热爱学习甚至是迷恋学习呢？第一，老师设计的学习内容必须要新、要奇，还要巧。老师每设计一堂课或者一个知识点，都必须能让学生用最高效、最简易的方式学会。

第二，老师要成为学生的偶像。很多学生都会对老师有崇拜之情，所以老师的每一个行为、每一节课、每一次班会都会给学生带来很大的动力。有一篇课文叫作《晏子使楚》，讲的是古代的外交官的故事。一位老师在讲这堂课时还给学生分享了我国外交官的事迹，讲述了他们维护国家利益时的那种坚定。老师的讲述极具感染力，课上有学生表示他未来也想当外交官。老师的一堂课可以帮助他们树立梦想，也可以成为支持他们成才的有效途径。

第三，老师一定要平易近人。如果老师总是高高在上的，总是亲和力不足的话，他跟学生们的关系就容易过于疏远，这个班级的教学效果以及家长的认可度都会大打折扣。

5. 因材施教，个性化支持感动家长

受圣陶教育理念的影响，我校也给予了学生个性化支持，给学生带来了成长。现在很多家长都对学校表示感谢，表达了对学校的信任。其实我们刚开始学习圣陶教育，实行"包班"和"单科独进"时，很多家长是不认可的，认为我们是在随便拿学生做试验，会影响他们的学习和成长。但是现在从成果上来看，我们做到了让学生全面发展，家长也慢慢地从一开始的不理解学校、质疑学校变为现在的信任学校、感谢学校。我认为用心培养学生、收获家长的信任和感谢是一所学校最根本、

最核心的目标。

6. 学习圣陶课堂教学的几点做法

（1）"小组承包制，开卷练、闭卷考"

"小组承包制，开卷练、闭卷考"，这是我校在实践中用得比较多的教学方法。采用这种方式学习的第一批学生其实原本的基础并不扎实，学习态度也不够端正，毫不夸张地说，他们对学习，特别是对数学没有任何兴趣，对学习也根本没有信心。那么如何激发学生的学习兴趣，帮助他们重拾信心呢？我们开始实行"小组承包制，开卷练、闭卷考"，按这种方式每位学生都能考到95分以上，这个方法非常有效，结果也是超乎想象的。

（2）不预习、不点拨、不启发

不预习、不点拨、不启发，课堂上必须要做到这三点。王校长和我们说的最直接的话，就是老师越讲学生越迷惑。老师不讲的时候学生可能会有一些没理解的地方，但是经过学生与学生之间的讨论、合作、学习，他们可能就都明白了。有时老师认为自己很专业，给学生讲很多内容，但是讲得越多，学生反而越糊涂。所以老师应该做到少讲解，不点拨，也不让学生提前预习，不给学生增加额外的学习负担。不预习、不点拨、不启发，在先锋的课堂上，大部分时间都是在让学生自己思考、领悟各个知识点。

（3）四个秘密

这四个秘密不仅可以运用在教学中，还可以应用于对学校的管理。我们做任何工作，按照这四个秘密，都是可以完成得很好的。这四个秘密分别是：

第一，任务具体；

第二，落实到位；

第三，严格检测；

第四，合理奖惩。

这四个秘密在课堂上可以用，在调动老师的工作积极性上可以用，在我进行学校的后勤管理等方面的工作时，也完全可以用。关于惩罚，圣陶学校的做法和很多学校都不一样。一些学校的老师会以抄课文、抄卷子等作为惩罚，但都是那样做学生会慢慢地对学习产生厌恶心理，这对他们的学习和成长都是不利的。圣陶学校的惩罚恰恰相反，对于做得好的、超额完成任务的学生，老师会奖励他们学新知识；对于表现不太好的学生，老师的惩罚措施则是不让他们学这个新知识。因为每个学生都想比其他同学学得更多，掌握更多知识，所以这样的奖惩制度真正地把学生学习的积极性调动起来了。

7. 教智慧，培养二十年后这个社会所需要的人才

最后，把圣陶的教育思想、教育理念传播出去，最根本目的是解决教师应该培养什么样的学生这一问题。教师需要改变原有的学生培养方式，必须站在二十年以后这个社会究竟需要什么人才这一角度去思考问题，按照那个时候所需要的人才标准去培养，这是我在圣陶学校学到的最根本的东西。我们要做的不是教会学生多少知识，而是让学生学会学习知识，要培养他们学习知识的能力，帮助他们养成良好的学习习惯，这才是能让他们受益终生的内容，未来社会也需要这样具有较强学习能力的人才。

如果我们只是从方法上去学习圣陶教育，那么可学的方法太多了，而且圣陶的教育方法也时时刻刻都在变化，所以根本不可能学得完。最关键的其实是学习王校长的教育思想，包括他对于教育的情怀。如果一

个教师有情怀、有梦想、有责任感，把教育当成一种使命的话，那么他所培养的学生一定能够适应未来的社会，这是我最想分享给大家的。

三、与会专家、学者、家长互动对话篇

（一）不教知识教智慧

王天民："戴校长说得非常好，教'道'不教'术'，但是'道'从何来？'道'从'术'上来。任何事物都有'道'，'术'又是'道'的载体。所以教'道'之前也应该先学会教'术'。

"刚才还提到，语文有'三不讲'，书上有的不讲，工具书上有的不讲，网上有的不讲。理科也是一样的，现在的网络很发达，书上很多题目都能在网上找到答案和解析。所以理科教师要能够自己编题，文科老师要做到任意一首诗、任意一篇文章都有自己独特的见解。老师给学生讲的必须是自己的见解，如果只是按照书上、资料上的内容讲是没有实际意义的，那些知识学生自己翻书、查阅资料也能学会。所以只教知识是不行的，老师应该做的是用自己对一件事的思考去引发学生的思考，用自己的智慧启迪学生的智慧，用自己的激情点燃学生的激情，这才是真正有意义的教学。"

（二）不能只立足前人的经验面对未来

梁春晓："这个时代我们研究教育，已经不能够抱着与很多年前相同的看法了。现在我们所说的培育英才，无论是在小学也好，在中学也好，实际上都是为十年、二十年以后的社会培养的。现今社会发展速度极快，现在就断言未来一定需要什么样的人才是完全不可能的。以前的大多数时期，社会都一直是处于相对平稳的状态的，变化并不大，所以以前的教育方式多是教知识、教技能，目的就是让学生以后可以完成现在他们父辈、祖辈在做的工作。但是现在不一样了，我们是幸运的，成长在这样一个快速发展的时代，也许一生的时间可以见证中国无数大的变革。但随之而来的挑战就是我们不能只立足前人的经验面对未来。

"这个时代最大的挑战，就是我们习以为常的很多东西，都要重新审视它，因为它可能已经无效了。我们现在所处的时代正面临着从工业时代到信息时代的转型，它意味着很多产生于工业时代的东西，现在都在逐渐失去它的效用，包括学校。我们现代意义上的学校是工业时代的产物，统一教材、统一教学大纲等单一的、标准化的东西也都是工业时代的产物，只是我们没有感觉，因为我们一生下来面对的就是这样的世界，我们以为它自古就有，其实不然，这些东西在人类社会存在的时间可能也就是两百多年。

"例如，两百多年前你和英国一个地主说，说以后不会再有地主了，他是不会相信的，因为在他所处的时代，地主已经存在很多年了。我们现在看电视剧（如《唐顿庄园》）时，看以前那个时代的场景，会觉得非常陌生，以后的人们看我们这个时代也许也会有这样的感觉。因为社会是在飞速变化的。就像刚才王校长和陈校长提到的，事物的时代感是非常重要的。"

（三）另一种面貌

梁春晓："今天这个研讨会的重要性是无法估量的，尽管参会人员可能不是很多，但是对问题的探讨非常深入。互联网行业刚起步时同样如此，没有人想到仅仅 20 年，互联网就把世界变成了这个模样。所以这次的研讨会产生怎样的影响，我们可能也估计不到。

"现在很多老师其实是'越会教越不会教'，因为他们太熟悉那些知识点了，自然就建立起了一种思维定式。他们会认为，知识点就应该是原有的模样，解题思路也应该就是那样的，甚至教育、教学也应该按传统的方式来进行，'一句不教，全班都会'是不可能的。但是现在很多学生给他们带去了困惑，学生可能从很多的角度向他们提问，他们在试图以常用的方式解释问题的时候可能会发现新的问题，最后发现越来越难以解释，'越会教越不会教'。但是当他不知道还有另外一种解决方法时，他也只能按照原有的方法去做。例如，一些老师认为在课堂教学中，一个知识点他讲了三分钟但是学生没有听懂，那肯定是没讲够，于是多讲点儿，讲十分钟，十分钟还不够就讲一个小时。他们没有思考过自己是不是讲得太多了，只想着自己是否不够努力。但是圣陶给老师们提供了一个全新的思路。

"我是 2017 年 7 月第一次来到圣陶学校的，当时这个学校让我印象最深刻的就是学生们的精神面貌完全超乎我的想象。以前我也去过一个类似的学校，学生们的那种阳光、那种自信、那种活跃，我现在都还记得很清楚。有一个学生很欢快地跑过来跟我打招呼，但是刚跑了两步就弯下腰去，因为他脚上穿的鞋坏了。显而易见他的生活条件并不好，但这一点都不妨碍他的阳光、他的自信。这种状态是非常让人感动的。做教育教学生多少知识不重要，重要的是对学生自信心和人格的培养，因为这两点对他们的一生都有极其重要的意义。

"现在学校的教育教学普遍存在一个问题：生于工业时代的教师，根据农业和工业时代的教师留下的经验，来教育生于信息时代的学生。其实我非常希望每位老师，每个教育者，在这个时代发生这么大的变化的时候，都能够意识到这些变化，同时跟随时代的变化调整自己的教学方式。因为现在的好老师、好学生、好家长、好学校等都需要重新界定了。我们一定要比较彻底地颠覆我们整个认知的框架，才可能比较深刻地理解王校长的教学思想和教育方法。

"实际上每个人在做事的时候，脑海中都存在着假设，可能很多人没有意识到，但是它确实是存在的。当一位老师想着他要不断地教育学生的时候，其实就是假设学生本身是张'白纸'，老师'画'成什么样就会是什么样，只要老师多花一些时间、多用心一些、多努力一些，这张白纸就会变成漂亮的画。但是这种假设真的对吗？我认为并非如此。关于学生还有另外一种假设，假设学生的知识、智慧是与生俱来，理论上不需要别人再灌输东西给他们，而老师需要做的工作只是帮助学生把这些东西'释放'出来，启迪他们的智慧，帮助他们提升自己的能力。很多人可能根本没从这个层面去思考过教育这件事，但是它其实很重要，因为它决定着教师对学生最基本的假设的内容，决定着教师会采取的教育方法，也决定着教育最终的成效。我是坚定地相信第二种假设的，这种假设对于我们把教育继续下去非常重要。

"我听过王校长给小学三年级的学生讲化学变化、物理变化，刚开始他什么都不讲，不提物理变化、化学变化的定义，只出几个问题让学生回答这个是化学变化还是物理变化，有的学生是真的会回答，有的学生就是靠猜。这一组猜完之后，再猜第二组、第三组。几组问题回答下来，你会发现学生越猜越准。虽然老师并没有告诉他们什么是物理变化，什么是化学变化，但是通过不断的猜想和反馈，他们自己就开始理解这两种变化的区别，这也是一种发现。他们在不断的证实或者证伪的过程中，对这些概念的印象会越来越深刻，这就是科学、哲学。在这个过程当中，它可能还会带来另外一种体验。以往老师在讲课的时候通常是先讲定义，即告诉学生这个知识点的内涵是什么，然后再说它的外延，在这一过程中，学生接触到的都是理性的东西。

"但王校长的教学方法不一样，他列举的事物如揉面团、放鞭炮等，都是学生们看得见、摸得着的，都是生活中常见的，是从学生能够了解和感受的感性的东西出发的，然后再由他们自己去发现一些理性的东西，最后水到渠成。学生们猜得差不多了，然后再一起看看这两种变化的定义，验证一下自己的猜想是否正确。这种教学方法和常见的方法是完全相反的，但是效果出奇地好，让我们看到了教育的另一种方式、另一种面貌。

图 5-3　学生们元气满满

"互联网和电子商务的发展给了我很大的启示，一开始推动这些事物变革的其实都不是主流的力量，而是一些当初的边缘力量，然后这些力量逐渐聚集起来撼动中间部分。所以我相信，民办教育，可能是未来真正能够推动整个教育变革的最有力的、最强大的力量……"

（四）"王"是目标、标准

曾红颖："我以前一直是看不懂《老子》的，也没兴趣看，因为我认为这个社会节奏很快，我没有时间去看好几千年以前的事。但是后来在圣陶学校看到学生的状态，和我心里预想的有重大的差别，也给我很大的触动。回家后我就开始看《老子》，深有感触。《老子》里有这么一句话，'域中有四大，道大、天大、地大、王亦大'。这里的'王'是什么意思呢？在古代可能就是指君主，但是现在的'王'有了不一样的含义，即目标为'王'、规则为'王'、标准为'王'。每个人是按照自己的目标来做选择的，是按照规则来行动的，是按照标准来操作的，所以我觉得这些就是现代社会的'王'。

"人生只为一件大事而来，首先要明确自己的目标是什么。例如王校长这一辈子就非常简单，也非常伟大。简单，是因为他生活的地方很简单，就是这个小镇子；做的事情也很简单，只是教学。伟大，是因为他很早就确立了自己的目标——培养更多的当代英才，并为此不断地学习、研究，最后创造出了独特的教学方法，形成了独特的教学理念，成就了一件大事。就像个梁老师说的，他是我们目前见到的在教育改革这条路上走得最远的人。王校长推崇《老子》中'尊天道、认天命'的思想，他认为宇宙是按照自然规律运行着的，所以教育必须回归自然，回归本质，以人为本，与时俱进。所以他给自己、给圣陶的老师们制定的标准就是尊重学生、遵循学科知识体系自身的逻辑，让教育真正回归自然。正是因为他有明确的目标，并且一直按照自己的标准、规则奋斗着，所以才能有现在的成就。这也就是我认为现代社会目标、规则、标准为'王'的原因。"

（五）社会在进步，教育也在崛起

曾红颖："今天张立秋老师整理了王校长的教案，这件事非常有意义。学生，尤其是农村学生，成长发育的过程并不容易。他们每天在学校待十个小时，期待的是这十个小时能收获很多知识，但是有的学生会因为一些原因没有学会某些知识点，这时心理上可能就会产生一些落差，这个落差实际是很难弥补的，而且一旦积累得太多，学生的心态就会受到严重的影响，甚至自信心受到打击。学生的心态决定了他的行为，如果他们经常觉得自己做不到、学不好，可能慢慢地就会放弃。学校的教育就像一条'终点冲线'，对学生来说是一个终点，也是一个全新的起点，学生未来无论往哪个方向发展，都必须从这儿冲过去。老师要做的是帮助学生培养信心、提升能力，让他们更加自信地冲过终点线，让他们有更大的舞台，有更多的道路可以选择，有更大的空间可以发挥。圣陶学校在这方面做得就很好。他们对知识结构和教学方式都进行了调整，并不拘泥于现有教材，让学生自己选择学习的内容，自己去学习、研究、思考，同时不断地鼓励他们、激励他们，所以圣陶的学生都是自信的、快乐的。

"圣陶教育的思想、理念很有借鉴意义，同时又有一些操作性很强的教学方法，所以各个学校的老师、校长学起来、实践起来并不难。刚才牛老师讲的时候，我很感动。我不是为她一个人而感动，我是觉得如果每位老师都能像她这样对学生有爱心，对教育教学有责任心，那么我们的社会可能就会发生深刻的变化。所以，培训校长、培训老师比培训学生更重要。

"以前我参与过'中部崛起'战略，这个战略在实施了十多年以后才产生深刻的效果，社会发展速度变快了，环境变好了，同时教育也逐渐崛起了。越来越多的学校都在行动、都在发展、都在变化。例如圣陶教育在学习中创新，在创新中发展，与时俱进，变得越来越好了。如果更多的校长、老师能够多对教育教学进行深入的思考、探索、研究，越来越多的学校能够加入教育改革、课程改革的行列，那么中华民族必定会越来越强大。"

（六）圣陶没有固定模式

王天民："社会是在不断地发展变化的，圣陶教育也是这样。有人可能会问圣陶教育有没有固定的模式？没有。但是，有没有基本的要素呢？有。基本的要素是不变的。"

1. 教师要成为学生崇拜的偶像

王天民："教师要成为学生崇拜的偶像，学生要成为教师忠实的追随者。教师能做出表率，学生才能够尊敬你、崇拜你、仰慕你。有四个要点可供大家参考。"

（1）精神颜值

王天民："教师一定要充满元气，精神饱满，把最好的精神颜值呈现给学生。一个好的精神颜值可以让学生受到感染，让他们拥有更好的精神面貌、更高的学习的积极性，这样才能更好地在教学过程中用自己的智慧启迪学生的智慧，用自己的激情点燃学生的激情。昨天陈玉芳老师也提到了精神颜值在先锋学校的实践，对学生精神面貌的影响是非常显著的。一个人的相貌是天生的，但是精神颜值的高低完全是自己决定的。站在讲台上，要想吸引全体学生的目光，必须有最高的精神颜值。

即使一个老师相貌并不出众，但是他精神饱满，对教学充满激情，那么他在讲台上也可以是最亮眼的。

"我今年79岁了，在生活中可能是老态龙钟的，但一上讲台我就精神焕发。为什么？因为我要把最美的精神颜值呈献给我的学生。为此，我学习过戏剧、舞蹈、各种表演，将这些技能应用在课堂上，能够帮助我更好地完成我的教学。我在讲台上的目光是很明亮、很自然的，这样的目光很容易吸引学生的注意力。学过表演后，我能在讲台上生动地对一些动作进行讲解，例如课文中涉及的礼仪等。学会绘画，我能够在黑板上随手画出各种美丽的画，帮助学生理解知识点，又调动学生的积极性。精神颜值不仅对学生有感染力，对老师、家长同样有感染力。精神颜值其实就是营造出一种气场，把所有人的目光都吸引过来。"

（2）有"绝活"

王天民："'绝活'就是指自己比其他人做得好的事情。我就有很多'绝活'，不仅是琴棋书画，还有记忆力超于常人，在我已知的范围内，有关文化的、教育的内容，我能过目不忘。我原本是语文教师，所以很多语文课文我都能背下来。我现在还会背很多数学题、物理题、化学题，等等。我上讲台没拿过书，因为要教的东西都记在脑子里了。再举个例子，'手心算'，这是我自己发明的一种速算方法，把珠心算'搬'到了手上。大拇指是代表5，其他四个手指分别是1，四个手指一共是4。我带领幼儿园的学生学过，大家都是几天就能学会，用手心算做加减法效率非常高。教师一定要有至少一项'绝活'，这样学生一定会佩服你，更愿意跟着你一起学习。"

（3）品德好，得"道"

王天民："教师一定要得'道'，要学习《老子》中传达出来的精神。第一，清静，心无杂念，让心静下来。第二，柔弱必胜，刚强必败，做人要学会谦卑。第三，清静无为、利他包容，这是《老子》的核心。所以说，教师一定要无私，一定要爱学生、爱家长、爱所有人。"

（4）有智慧，会教学

王天民："有教学的智慧意味着不仅自己会，而且还能把学生教会。教师要能够发现知识背后的'智慧密码'，举出最典型的例子让学生去思考，真正达到'一句不教，全班都会'。

"钱文忠曾经写过一篇文章，我非常赞同他文中的观点——应试是学生应该具备的最基本的素质。学生应具备的素质有很多，琴棋书画是素质，但不一定是主要素质。可以选择精通其中一门，能靠它生活、生存，能以它作为自己的职业，也可以只将它作为兴趣爱好。应试是学生应该具备的素质，但是也不是主要素质，因为考试只占学生生活的一小部分。一个人的最主要素质还是做人的智慧，是丰富的想象力、严谨的论证能力以及学习能力、创新能力，等等。

"前年，兰考县的兴兰中学有一批初一的学生来圣陶学习，来了十天，把初二、初三的数学代数部分全都学完了，因为这 79 个学生本来基础就比较好，所以进度也比较快。当时很多学生都感叹：'数学原来这么简单，数学原来这么有趣，我原来这么聪明。'他们发现了，确实是'不教就会'，为什么？因为圣陶的老师用智慧启迪了他们的智慧。"

2. 生活中的每一个细节都是教学的素材

王天民："生活的每一个细节都可以作为教学的素材。圣陶学校校园里有一棵大柳树，学生们都喜欢在树荫下和我讨论学习中的问题。柳树旁边有一棵梅花，梅花盛开时，它就可以作为教学的素材。我可以告诉学生梅花有五个花瓣，象征福、禄、寿、喜、财五福。那棵大柳树也可以作为素材，有一次我在树下给学生们讲《咏柳》，'碧玉妆成一树高，万条垂下绿丝绦。不知细叶谁裁出，二月春风似剪刀'。接着我让每一个同学摘个柳芽，放在手心里，然后让他们每个人说一个比喻，我先给他们做了两个示范：'柳芽像一叶金色的小舟，载着我们在春天的海洋里遨游。柳叶像一个织布的金梭，为我们织出一幅明亮的春景图。'

"杏花开了，就可以讲'红杏枝头春意闹，一枝红杏出墙来'。没有松树，可以用柏树来代替，'松竹梅岁寒三友，桃李杏春风一家'。校园里桃树、李树、杏树都有，通过一朵杏花可以带着学生认识不同的树木。还可以去认识更多的植物，出了校门，田里有各种各样的蔬菜。很多学生不认识豌豆，通过这次学习就可以告诉他们豌豆开白花，等等。根据所见所闻还可以出对联，老师说上联让学生对下联，学校中有很多东西都可以作为教学的素材。

"前天上午我带着初三年级的和外校来的学生去登山，每个学生回来都能写一篇内容丰富的文章，因为一路上我都在带着他们学习。沿途我组织大家做了即兴发言、背了诗还写了诗。

走着走着，看见了红得像火的枸杞，我就告诉学生们它的根皮叫作'地骨皮'，是一味中药，可以清热凉血。又走着走着看到野地黄，我就告诉学生们熟地黄可以补血，生地黄可以清热。后来看到了茵陈，就讲'正月茵陈二月蒿，三月拔下当柴烧'，它能清湿热、退黄疸……一路上我给学生讲了几十种药材。

"看见到了荆和棘，可以告诉学生要披荆斩棘，勇往直前。登山时，就给学生介绍附近的这几座大山，'这是驼峰山，又叫双峰山，北边的那座是乌龙山，对面是马山'。我还教学生辨识了路标，同时鼓励他们勇敢地去攀登科学的高峰。一路上学生问什么我就答什么，学生们说我深不可测，知道的东西真多。我就告诉他们我只是什么都愿意去了解，而他们现在正是长知识、长身体、长智慧的时候，应该更加勤学发奋，多做研究，格物方能致知。"

3. 几项基本要求

王天民："第一，让教材回归自然，以知识自身的逻辑为体系。

"中小学教材融合在一起，各学科教材交叉在一起，完全回归自然，这是方向，也是历史的必然。学科可以在学生学到更高层次之后再进行，义务教育阶段各个学科之间都有交叉，分不开。圣陶一直在做不分学科进行教学的实践，现在这一经验已经为很多学校提供了帮助。但是进行这种实践之前还有几个问题需要解决：一是动员家长，让他们不要只以考试成绩作为评判学生学习成果的标准。二是舍弃现有的教材，每所学校根据自己学校的实际情况编制学习材料。'教材'强调以老师教学为主体，老师不教学生不会，因为没有答案；而'学材'是要把知识点通过典型例子，清晰明了地展现在学生面前，让学生能看明白，能自己思考、自己研究。所以每所学校，甚至每个班级都要有自己的'学材'，根据学生基础、能力选取最适合他们的知识点，让他们能够更轻松、快乐、自然地学习。

"第二，让教学回归传道。

"打破按年龄分班的形式，尝试多级同班。圣陶学校一直在尝试多级同班，这几年每年都会组建一两个多年级学生混合班，按学生的能力来分班，可以更好地开展教学活动。在教学时还要做到文理互动。现在一些国学学校只带领学生学国学，而不教授他们理科知识，这样的行为是不科学的。一是无法适应现在的考试制度，二是让学生失去了学习理科知识、锻炼理科思维的机会。让教育回归传统绝对不是彻底地复古，而是要让教育回归到'传道'这件事上，让教师的能力体现在对学生能力的培养、智慧的启迪上，而不是知识的教授上。回归传统的教育也必须相信科学，圣陶教育的核心就是既回归传统，又与时俱进。

"第三，努力缩短学制，让优生脱颖而出。

"完全可以让非常有天赋的学生提早成才，让他们提早在自己最有天赋、最感兴趣的领域进行有针对性的学习，做更深入的研究，让他们早日成为各方面的人才，为祖国的发展做出贡献。"

4. 对于国学经典的看法

王天民："圣陶学校以国学为核心，以传播中华文明为己任，但是我不主张学生只读中国经典，为什么？因为一定要与时俱进，我主张把经典学习落实到学生生活、学习的方方面面，把圣贤文化、陶育英才落到实处。

"上数学课也可以讲经典，上语文课、体育课、美术课都可以讲经典。经典是渗透在学生学习和生活的方方面面的。学习的目的到底是什么？是考试吗？是成为大学教授吗？是成为所谓的专家吗？都不是！学习的目的是培养一个人的学习能力、想象力、创新能力，是要让人拥有智慧。

"圣陶学校一直在传承圣贤文化，并竭力将其落到实处。我一直说，《弟子规》不需要读那么多，读最开始的六句就可以了，做得到'弟子规，圣人训。首孝悌，次谨信。泛爱众，而亲仁'这几点就已经非常了不起了。读《易经》时，最重要的就是那句'士不可以不弘毅，任重而道远'。'弘'就是志向远大，'毅'就是意志坚强，'弘毅'是指既有远大的志向又有坚强的意志。学生只要知道自己重任在肩，知道要做到'弘毅'，然后将它们落到实处够了。

5. 圣陶教育一定要走在世界的前沿，为未来而教育

王天民："现在是信息时代，有无人码头、无人仓库，人工智能越

来越深入地参与人们的生活。科技快速发展是一把'双刃剑'，既给人类带来了很多便利，也存在一些潜在的危险。所以教育也一定要超前，走在世界的前沿。现在的教学，知识只是载体，是'敲门砖'，圣陶教育一定要为未来而教育。

"我建议成立圣陶教育学会或者研究会，希望每个学校都能有人来研究更高效的教学方法。只我一个人肯定是不行，需要各个学校的参与。我愿意把我的经验都分享出来，让更多的老师学习。'百校千师万童计划'中最重要的就是对老师的培养，我们应该率先培养一批能很好地践行圣陶教育理念的教师，让他们多多实践，积累更多的经验并将之归纳总结，进一步完善圣陶教育理念。有了足够的经验后，可以让他们去全国各地讲学。然后培养第二批、第三批教师，将圣陶教育思想、教育理念、教育方法真正落到实处。我们应该全力以赴地做好这项事业，这是一项进行技术扶贫、精神扶贫的事业，是对教育的发展有意义的事业，是真正意义上的扶贫，真正意义上的救助。"

主持人："您还得是引领者。"

王天民："我只是引领大家向经典学习、向圣贤学习。我认为老子、孔子是真正的圣人，后面的诸子都是传承者。"

（七）见证一场真正的"学习的革命"

丁一①："我以我的个人经历和经验讲一讲我对王天民圣陶教育思想的一些理解和看法。我想在座的人有很多是'70后''80后'，我们在上中学时流行过一本书，叫《学习的革命》。很多人，包括曾老师肯定都看过，我们那时候被这本书小小地震撼了一下。但是我觉得'学

---

① 客卿教育创始人。

习的革命'不是依靠一本书中就能解决的。今天我们所看到的，是王校长在亲自引领的一场，我们在座所有人都在参与、见证的一场真正的'学习的革命'。那本书是一个外国人写的，我国翻译过来以期借鉴他的经验。但是王校长的'学习的革命'是以中国传统圣贤文化为基础，结合互联网思维进行的，是一场真正的适合我国的'学习的革命'。能参与、见证这一场'革命'，我觉得非常荣幸，这个过程让我受益匪浅。

　　"有一家名为'美林教育'的教育机构，主要针对的是幼儿园的学生，他们有一个教育理念是'Discovery and Scaffolding'，即'发现与支持'，意思是先发现学生的特点，然后'scaffolding'。'scaffolding'是鹰架的意思，也就是脚手架。很多建筑在建设的时候，外面都要搭钢架构，工人在钢架构上做整体装修，才能把这个建筑建成。这个词用在教育中指的就是老师的责任、学校的责任，老师要先发现学生的特点，为他们搭一组'鹰架'，也就是一个知识架构，然后让学生以此为基础，不断向内填充知识，不断地成长。我认为这种理念对小学生也是非常合适的，他有自主学习、主动学习的能力，而且他们会去努力发现世界，老师要做的应该只是一个支持和引导，让他去更好地发现和成长。

　　"但是现在很多学校的教育方式导致学生离开幼儿园、进入了小学以后，反而把他最应该养成的那种学习习惯丢失了，他不再依照他的兴趣学习，不再去主动学习，完全是在被灌输各个学科的知识，在被动地学习。这种方式并不利于他们思维和能力的发展与提升。

　　"王校长提倡不但要在学生小时候发现他的兴趣、发现他的特长、发现他的特点，帮助他们创建适合他们的知识架构，培养他们主动学习的能力，而且这些能力的培养是贯穿在他们整个教育阶段始终的。王校长引领的'学习的革命'是从幼儿园持续到小学、中学，甚至一直到大学的，这样的教育方式让学生们真正拥有了不断主动前进的能力。

"最后我想说的是，我真的感受到了在座各位为教育献身的热情。有一个人曾经在知乎上问道：'大家知道怎么去讨好一个学生吗？'我当时只回复了他一句话：'你还记得你是学生的时候喜欢什么样的大人吗？'我们常常忘记自己还是学生的时候喜欢的老师的样子，喜欢的教育的样子。而忘了这一点以后，我们开始用很多复杂的东西去探索它。其实完全不需要这么复杂，我们只需要回忆一下自己还是学生时的感受。我特别同意梁老师说的，每个人都是一个完整的个体，我们自己还是学生的时候，从未把自己当作一张白纸，我们都是一个完整的人，都觉得世界就是那么大，我们都是以自己的眼光去看待世界、接触世界的。所以老师们应该学会站在学生的角度去引导他们学习，培养他们自主学习的能力，而不仅仅是简单地教授知识。"

（八）圣贤文化的实践者

陈路①："非常感谢王校长让我今天有机会听到这么多非常令人震撼的关于教育的理念。我也分享一些我的感受，在书院里，包括我自己家里，都会遇到很多类似的情况。例如我的妹妹就非常不适应普通学校的教育方式，初中时就开始出现很严重的厌学情绪，我给她做过一些心理辅导，但是效果并不显著，最后我妥协了，因为我不想影响她的基本人格和她的性格。我认为一个人的人格和性格比成绩重要得多，至于考试，尽力就好。

"华鼎书院是一家周末培训机构，我们书院很多的学生呈现出来的状态也非常好，虽然他们的一些习惯的确需要纠正，但是学生们都非常

---

① 北京华鼎书院执行院长，浙江爱护一生慈善基金会副秘书长。

聪明。我记得很清楚，一位老师给一个初中的有时在学校中会受到排斥的女孩教授文言文时，她学得很快，很快地就能进行自主学习，学习效果也很好。我要经常和她的家长进行交流，给他们做心理工作，因为这个学生虽然在学校中不受老师关注，甚至有时还有点受排斥，但是她的学习能力其实非常强。这个学生的心理素质也很好，并不会因为学校的事情郁郁寡欢。她最开心的事情就是周六到我们书院上课，甚至有时上完了，她还会去别的班旁听，就是不愿意回家。

"我一直有做全日制教育的梦想，虽然我只是从传统文化角度切入的，但是我觉得整个教育的实施，应该是在一个全日制的环境里的。华鼎书院的名字虽然是'书院'，但是它和很多书院不同，一直不太像一个'书院'。我一直在尝试这种本身作为教育的教育，而不是说作为传统文化的教育。教育是面对学生的、面向未来的，作为教师，我们到底应该教他们什么。我这个学期一直在教《论语》，但是我的《论语》课也不给学生下定义，不会直接给他们翻译孔子的话，因为我希望他们自己去探索孔子当年讲的到底是什么，甚至于有时学生会不认同孔子的话，这时我也会引导他们说出来自己不认同的地方到底在哪里。

"上周，我和另外一个老师一起上《论语》课，我站在旁观者的角度，觉得她讲的内容太多了，她也认为我讲的太多了。然后我们就都在想为什么自己会讲那么多。我们总觉得自己抱有一腔热忱，总觉得要教的内容太多了，怎么讲都讲不完。我今天听了一天，刚才也在跟先锋学校的老师请教，请教他们的课到底怎么上的。听完答案后我觉得很震撼，就像刚才梁总说的，王校长的教育创新，或者说是教育革命，确实走在了整个中国的前列。我的同学中有很多人都在名校任职，他们也觉得教育需要进行一些变革，因为现在的老师都没有多少时间跟学生进行深度、有价值的互动，而这种互动对学生的启发往往是比课堂教学多的。

"我确实觉得有机会应该到王校长的课堂上去看一看，虽然我这次的行程很紧张，但是我相信我还会再来的，没有别的目的，就是来学习。如果有机会跟着王校长听几堂课，我想我能够更深刻地体会到他提倡的这种教育思想、教育理念的真正含义。我现在有一个初步的感受，就像王校长说的，所谓圣陶，就是用古典圣贤文化陶育现代英才。听完在座各位的分享，我确实感受到了这一点。我刚才边听边思考，觉得王校长是真正地把古代圣贤的思想，特别是《论语》中的很多名言，当作真理来实践，比如'不愤不启，不悱不发'。老师需要把自己在课堂上讲解的时间压缩到很短，不要讲太多，否则就是在灌输知识，而不是教学了。如果老师要做到'不愤不启，不悱不发'，肯定要从一个具体问题出发，先让学生去思考，学生如果有问题老师再加以辅导。所以作为老师，一定要少讲甚至不讲。再比如'因材施教''匪我求童蒙，童蒙求我'，王校长真正把这些思想都付诸实践了。我相信王校长就是因为对古代的圣贤文化有非常深刻的理解才能把它融入自己的教学，并创造性地总结出了圣陶教育思想。

"这次在研讨会上看到了这么多老师的呈现，我慢慢明白了自己以后应该如何去做。我是做书院的，我一直认为自己在学习圣贤文化，也在努力实践它。但是我今天看到了一个真正的实践者，这个实践者是非常真诚的。我们经常提到'不愤不启，不悱不发'这句话，但是却没有真实地去对待它，没有真正思考过怎样让这句话变成一个教育实践，落到一线课堂。王校长现在所做的教育解决了我当下的困惑，我刚好在自己的一个教学节点上碰到了一种答案。看到王校长，我觉得是看到了一个非常真诚的文化实践者和教育者，非常感谢王校长。"

（九）圣陶教育是经典文化内化到专业课程里

周丹丹①："各位老师好，这两天我也有很多的感触，其实这是我第二次来到圣陶。我第一次的到来只是跟王校长进行了大概十几分钟的简短的交流，对圣陶并没有太深刻的认识，但是我决定送孩子来这里上学。打动我的是什么？从家长的角度来讲，我自己是两个孩子的母亲，一个 16 岁，一个 13 岁，我们家在北京，孩子小学的时候是在公立学校学习的，在学校压力比较大，老师还要求家长配合学校对孩子进行教育，我们家长的压力也非常大，有时候会感觉自己一直在强迫孩子学习，这其实是我不愿意做的事情。所以，我在小儿子三年级、大儿子刚刚小学毕业的时候，把他们转到了一所传统文化学校，专门去学习传统文化。为什么会选择传统文化呢？因为我和我爱人读了三年传统文化师范班，受到了传统文化的熏陶，这种熏陶使我们的家庭、我们的事业、我们的人际关系都得到了改善，我们认为传统文化带给我们的是翻天覆地的改变，我们认为这种传统文化的学习也是孩子需要的，所以就毅然地给孩子办了退学手续，让他们从公立学校转到了一所传统文化学校。在传统文化学校中，孩子们受到了中国经典文化给予他们的熏陶，这是从来没有学习过的，也是他们非常喜欢的。但是孩子在学习完中国传统文化后，无法做到'知行合一'，学校教的知识没有问题，但是践行起来是非常困难的。而且很多老师都没有百分之百地做到，或者践行得比较少，所以学生也不会有动力去努力践行传统文化。

"我的两个孩子在学校表现得非常好，但是回家后，他们的生活习惯、学习习惯都很不好，这让我非常焦虑。我儿子以前在公立学校时成

---

① 圣陶学校学生家长代表。

绩是非常好的，一直是班上的前三名。但是到了传统文化学校之后，他要学习的经典非常多，要背的东西也很多，背不下来的时候他就会产生厌学情绪，有时这种情绪没有得到及时的疏导，他就会大量吃东西来释放压力，养成了非常不好的生活习惯。我发现了这个问题，但是因为这是学校的整体现象，我也很无奈。后来我在和王校长交流时也提到了这个问题，我问他为什么现在那么多书院和传统文化学校都做不到'知行合一'的？当时王校长的回答很简练，他说因为他们没有'得道'，没有放下他们的欲望。我认为他说得很对。

"看到孩子的不良生活习惯，我还是决定再帮孩子换一所学校，所以去年我们找了学校。最后，听说汝阳有这么一所学校，很神奇，三个月就能让孩子把初中的课程补起来，我很动心，所以当天就带着孩子过来了。来了之后，看到校园的环境并不是很好，也有一些犹豫，但是后来和王校长沟通过后，我发现他是一个拥有大智慧的人，他已经把中国经典文化的精髓内化到了他的专业课程中，润物细无声地滋养着学生，给予学生的并不仅仅是数学、语文等各个学科的知识，所以我就很放心地为两个孩子办理了入学手续。我也是学教育的，因为有两个孩子，压力很大，所以从 2008 年开始我也在不断地学习，从来没有放弃过学习。但是来到圣陶学校之后才感受到真正的教育是什么，特别是先锋学校的几位老师让我特别感动，我觉得中国能有这样的一批老师，学生们真是太幸福了。参加完今天的会议，我感觉就像是发现了微光一样，我觉得这是教育的阳光，能让学生感觉到幸福的阳光。圣陶学校和王校长也激励了我，我本来都已经放弃自己的事业了，觉得做一个全职妈妈就可以了，但是看到王校长六十多岁还创办了圣陶学校，并且这十几年也一直在为教育事业做贡献，我觉得自己不能就这么放弃，我也要跟着大家一起为教育做一点儿事情，好好跟着大家一起学习，一起践行圣陶教育

思想。"

（十）百校千师万童计划培训学校

申学东："今天我主要是代表邵青先生来参加这个研讨会。去年王校长在秦皇岛的时候，和邵青先生进行过一次很深入的交谈，谈了很长时间，后来邵总就和我们基金会的这几个人讨论了一下，未来怎么去支持圣陶学校，帮助他们更好地开展教学活动。今天我带来了一些大家的建议，有些内容正好与梁老师昨天提的建议不谋而合，所以想简单地说说以下几点：第一，去年邵总也提议过，教学法要有个名字，要由王校长来确定一个准确的名称。我们希望可以首先编写一本书，把王校长的教育思想传播出去。第二，组织圣陶教育思想论坛。但是如果这个论坛光靠王校长一个人主讲的话，他会非常累，所以我建议王校长先培训几位有经验的老师，让他们作为主讲人在论坛上发言。尤其是像贾校长、陈校长、孙校长这样的老师，既是一线教师，又是圣陶教育思想的践行者，同时自己的理论水平也很高。咱们可以每一期挑选一个主题，围绕这个主题展开讨论，也可以把自己的经验分享给更多的校长和老师。"百校千师万童计划"最重要的其实就是培训校长、培训老师，只有这样才能让更多的学生受益，这就是我们的初衷……"

附　录

本部分汇总了《中国教师报》刊登过的报道圣陶学校、圣陶教育以及王天民校长的文章，部分内容略作修改。

走进教育的"桃花源"

褚清源①　王占伟②　来源：中国教师报

22个省份，500余名代表。他们相约在春天，探访一个名叫"圣陶"的教育桃花源。

安徽省的教育局长来了，海南省的校长来了，北京市的教师代表来了，陕西省的学生代表也来了，公办学校来了，民办学校来了，还有河北省涿鹿县教育局组织的50人代表团也来了！

---

① 中国教师报记者，《中国教师报·课改研究周刊》主编。
② 中国教师报记者，《中国教师报·现代课堂周刊》主编。

因为有太多的代表没有提前报名，原本只能容纳 350 人的会场一下子"爆棚"，不得不临时调整会场座位。500 余人将会场挤得满满当当的。

大江南北，五湖四海，来自不同区域、不同改革背景的代表带着同样的好奇、怀疑、求证心理而来，共同见证一项重要的教育发现——第三种教学关系。

这是 4 月 7 日至 8 日，本报组织召开的河南汝阳圣陶学校课改现场会。

没有开幕式，没有领导讲话。这场开在春天里的课改现场会在学生娓娓道来的课改故事中拉开了帷幕。

（一）发现第三种教学关系

课堂无教材，课前无预习，课上无笔记，课后无作业；教师不用考勤、不用备课、不用改作业，甚至很少讲课……

在人们眼中，被誉为"教育桃花源"的圣陶学校的确显得很另类。

但是，圣陶学校不是只用众多的"无"吸引大家的眼球，还有太多的"有"让人心生敬意。这里有每月两次学生自发组织的文艺汇演，有每学期以年级或班级为单位举行的"走进大自然外出游学活动"，还有学生随时发起的"挑战校长"辩论赛。

圣陶学校何以有如此别样的教育奇观？背后支撑圣陶学校发展的核心思想是什么？太多的疑虑、怀疑，在经历了一天的思想盛宴之后，渐渐变得清晰。于是，本次会议既定的一个核心主题"发现第三种教学关系"，成为热议的话题。

第三种教学关系的确立，让无师课堂成为常态，让打破班级授课制成为可能；第三种教学关系的确立，让学习成为一种信仰，让学习可以

打开心智，可以转"知"成"智"；第三种教学关系的确立，让教育从崇尚技术的泥潭中解放出来，走向崇尚真教育的道路。

那么，何为第三种教学关系？

4月7日上午，与会代表共同见证了这一重要的教育发现——第三种教学关系的发布。一段微视频后，中国教育报刊社副社长雷振海代表媒体发布了这一重要发现。

一直以来，课堂教学改革都不自觉地迷失在一种不断纠偏的困境中。最早的课堂始终以教师讲授为主，是以教为中心的，这是"第一种教学关系"；"第二种教学关系"是让教服务于学，从以教为中心走向以学为中心，是以学生的学为中心地位的一种教学关系。

课堂教学改革似乎一直没有走出教与学"二元对立"的困境，要么以教为中心，要么是以学为中心。如果一线教育工作者总是各执一端，我们的教育始终不能突出重围。

圣陶学校的改革没有陷入改革的悖论，而是从"二元对立"走向了"教学相生"的第三种教学时空，即教中有学、学中有教，师非师、生非生，师亦生、生亦师，师生互动、生生互动、师师互动。这种全新的教与学的关系，被称为"第三种教学关系"。

当每一个人都是学习者，又都是教授者，人人成为主体的时候，当每个人的主体意识被真正唤醒的时候，当自觉学习成为一种现象、一种生命状态的时候，教育将变得如此简单、如此自然、如此神奇！圣陶学校的一切奇观都得益于师与生、教与学在相互转化中重建了一种全新的关系。

（二）当圣陶遇到杜郎

4月7日上午，山东茌平杜郎口中学校长崔其升与河南汝阳圣陶学校校长王天民两个人的手紧紧地握在了一起，这是两个人第一次见面，第一次握手。这一画面被定格为本次会议最具历史价值的画面。

两个人有太多相似的地方。他们同处农村，同样在改革领域做出了颠覆性突破，更值得关注的是，两个人都有惊人的记忆力。

十年前，《中国教师报》发现了杜郎口中学，在那里掀起了一场基础教育课堂教学改革的热潮。十年后，《中国教师报》发现了河南汝阳圣陶学校。雷振海评价说，两所学校相互印证了改革的神奇，这种印证体现在三个方面：第一，印证了杜郎口的改革方向是正确的、有价值的，他们共同的突破点在课堂；第二，印证了强调学生的主体地位是正确的、有价值的，他们共同捍卫了学生的自由和自主；第三，印证了认真落实国家基础教育课程改革的意义和价值，他们把立德树人都放在了重中之重的位置。

为什么又是一所农村学校？是《中国教师报》对农村学校情有独钟，还是农村学校更具变革力？4月8日上午，在主题沙龙环节，当主持人把这个问题抛给本报总编辑助理李炳亭的时候，他说，水往低处流，水低为海，要找大海，一定不能到山顶去找，所以这些年《中国教师报》一直坚持"草根情怀"，"贴地行走"，因为教育的希望在民间。

王天民补充说，为什么改革在民间，因为穷则思变，困则思变，他们有更自由的改革空间。

基层改革的动力最强大，杜郎口中学和圣陶学校让我们认识了民间教育变革中最真实的面孔。多次参加本报活动的湖北省黄石慧德学校的董事长邓昌武说："感谢《中国教师报》记者们的发现，让我们看到了教育的一方世外桃源。圣陶学校与杜郎口中学一样，是全国为数不多让我痴迷的学校。"

"来之前，我们还有许多疑问、怀疑，实地参观圣陶学校后，我们豁然开朗，释然了许多，更多的是认同、感动、赞叹！"河北省涿鹿县教研室主任张舒军说。

（三）本次会议的三宗"最"

高朋满座，嘉宾云集，圣陶学校师生将成长故事娓娓道来，台下的听众如痴如醉。满满两天的会议，与会代表认真学习的态度让人为之动容。

本次会议呈现了三大特点。

一是主题最集中：本着"思想立会"的办会原则，本次会议的主题锁定为"发现第三种教学关系"，围绕这一主题，会议共分为"望""闻""问""切"四个篇章。无论是现场观摩、师生故事分享、现场提问对话，还是专家解密圣陶，都紧扣核心主题，不仅展示了第三种教学关系的样态，更为与会代表带来了深切的感动和深刻的思想解读。被誉为"课改三驾马车"的杜郎口中学校长崔其升、山东兖州一中原校长杜金山、本报总编辑助理李炳亭，对"第三种教学关系"的精彩分享更是赢得了阵阵掌声。

二是形式最创新：本次会议在组织形式上力主创新，没有开幕式、没有领导讲话，由学生的故事讲述开篇，堪称一次"最具故事味"的现场会。没有开幕式，但本次会议却特别设计了简单而令人感动的闭幕式。闭幕式上，会议的主办方、承办方、学生代表和志愿者代表分别表达了自己的收获与感动。王天民最后向与会代表深深鞠躬，发出"让教育理念回归中华文明"的号召，赢得了全场热烈的掌声。

三是生成最精彩：为确保会议的开放性，本次会议设计了大容量的对话，形成了广泛、开放、深度的互动对话格局，由此展示了独特的思想生成的魅力。参加本次会议的不仅有教育局长、校长、教师，还有学生。在对话环节，来自陕西杨凌示范区邰城小学四年级的一名学生现场提问，获得了与会代表的高度关注，堪称本次会议与会代表最靓丽的一抹色彩。

闭幕式上，王天民在答谢的最后，提议大家共同吟诵一段圣陶学校教师和学生都铭记在心、熟读成诵的话作为结束语：我们每个人都不缺少梦想，甚至不缺少为梦想开始行动的勇气。与成功者相比，我们缺少的是坚持梦想的决心和毅力……

一次相约，开启了教育人的协同发展。

一次会议，启蒙了改革者的创新智慧。

2016 年，注定是圣陶学校的一个特殊年份，也是课改人值得铭记的年份。

两天的会议结束了，改革者的征程才刚刚开始。500 余名代表抱着不解和怀疑而来，带着感动和思考而归！有代表说，在圣陶学校，我们经历了一次心灵的洗礼，这里没有你期待的课改技法，只有人人口中有、心中有，却行中无的教育之道——做人！育人！传道！

圣陶学校是一本奇书，你读懂了吗？圣陶学校为认识理想教育提供了一个窗口。读懂她，需要带着一双欣赏的眼睛去发现。

这一年因为发现，让教育有了诗和远方。

圣陶学校蝶变的七个谜

王占伟　来源：中国教师报

震撼、神奇、颠覆！

没有亲眼看到，你不会相信这里发生的一切。

学校从小学一年级到高中三年级，没有固定教材；课前无预习，课上无笔记，课后无作业；同样的学习内容，小学五年级能考过初中一年级；初二的学生参加中考能被当地优质高中录取；高一学生参加全市高中联考（B 卷），包揽全市前 19 名……

缔造这些教育传奇的，是一所地处偏僻山区的农村学校——河南省洛阳市汝阳县圣陶学校。

（一）75 岁的教育创客创了什么

王天民，75 岁，圣陶学校董事长、校长，退休后不甘心颐养天年，于 2005 年变卖房产，在家乡小店镇创办了圣陶学校。学校取名"圣陶"，有三层含义：一是王天民退休前是当地叶圣陶教学研究会副会长；二是他深受叶圣陶"教是为了不教"思想的影响；三是取意"圣贤文化，陶育栋梁"。

王天民被誉为"教育创客"。他把自己最钟爱的一首诗装裱在办公桌对面的墙上："隐隐飞桥隔野烟，石矶西畔问渔船。桃花尽日随流水，洞在清溪何处边。"这首诗隐喻了他的教育梦想——找到教育的桃花源、理想国。从教 56 年来，他一直为此努力。

作为一名语文特级教师，王天民不仅是语文教学专家，而且精通许多学科教学；因为能够发掘学生身上的自学动力，他许多学生的成绩都很优异。作为校长，王天民对教师的要求是不安分、敢冒险、异想天开。为此，学校给予了教师充分的自主权。教师可以不写教案、不改作业、不看管学生，即使是职称评定，唯一的依据也是教师对学校教育教学理念的掌握与贯彻情况。

"教育应该是育教，育在先、教在后，校长要先育自己再育教师。""每个学生都有天赋。""一流教师教状态。""教师要做'唐僧'，学生要做'孙悟空'。""越不会教越会教，越会教越不会教。""做无用功比不做更危险。""记在脑子里是财富，记在笔记上是负担。""不会还敢举手就是勇敢"……王天民的这些话，看似奇特，却蕴含着独特的教育理念，成为全校教师共享的价值观。

（二）不用教材如何教学

圣陶学校不依赖，甚至完全抛开了教材。"有的教材割裂了知识本身的体系，容易成为教师的'绊脚石''迷魂阵'。"王天民说："比如初中数学关于因式分解的内容，初二第一学期学习因式分解，初三第一学期才学习用因式分解法解一元二次方程。为什么不放在一起学呢？圣陶学校之所以不用教材，就是为了不割裂地进行教学。"

教学需要循序渐进，但循序渐进就是按教材体系走吗？在王天民看来，真正的循序渐进不是按照教科书的体系安排，而是遵循学科知识体系自身的逻辑顺序。

基于这样的理念，王天民带领教师团队，按照学科知识体系的逻辑，对小学到初中的主要学科进行了重新梳理，并将此作为教学的主要依据。

　　走进圣陶学校的任何一间教室，看到最多的就是这三种现象：一是学生在讲解；二是学生在小组讨论；三是教师要么在黑板前抄题，要么默默站在教室一侧。

　　没有教材的课到底怎么上？带着困惑，记者听了王天民一节课。

　　"学数学特别容易，三分钟，我让你们会做一道中考试题。"一上课，王天民的这句话让教室里30多个二、三年级的小学生和听课教师充满疑惑。

　　这些学生来自洛阳知行学校——一所国学特色小学，多数学生都熟读经典国学读本，但没怎么学过数学，有的学生连加减乘除都不会。他们是来圣陶学校游学的，具备如此数学基础的小学生，三分钟能做中考试题？

　　王天民在黑板上画了一个数轴，然后开始问问题。

　　师："请同学们观察数轴上都有什么数？"

　　生："零、正数、负数。"

　　师："最大的负整数是几？"

　　（学生们在互相讨论的基础上，几经猜测，最终发现是-1。）

　　师："那么最小的正整数是几？"

　　生："是1。"

　　（学生们在观察的基础上，最终发现规律，数轴上的数字越往左越小，越往右越大。）

　　师（指数轴上的数字）："-1的相反数是+1，-3的相反数是+3，请问，-2的相反数是几？谁会请举手！"（小手一齐举过头顶，一个从未学过数学的学生也举起了手。）

生（齐声回答）："+2!"

师："这就是 2013 年河南省中考数学第一题的答案。你们真是学习数学的天才！"（教室里顿时响起了掌声，发出了欢笑声。）

用这样的方式，王天民引导学生发现了什么是相反数，两个相反数和的规律，最终使学生学会了从小学到初中有关数的基本知识。

这个教学片段是圣陶学校抛开教材，按照学科知识体系自身的逻辑进行教学的一个缩影。

圣陶学校不仅抛开了教材，而且打破了年龄、班级界限，将不同年级的学生放在一起进行教学。在学校的一个实验班，近 30 名学生来自四、五、六年级的八个教学班，他们年龄不一，但学习内容相同。在教师的帮助下，全班学生学的是正三角形的内角和、外角和、对角线等知识。

在圣陶学校，与抛开教材配套的教学秘诀是"单科独进"。所谓"单科独进"，一般以一大周（10 天）为单位，在该时间段，教师只教一门学科，比如数学周、英语周、物理周等。王天民介绍，这样的方法可以克服遗忘规律，集中力量打"歼灭战"，懂、会、熟、巧，一气呵成。

（三）无师课堂怎样实现

学生胡少舟 2012 年进入圣陶学校初一年级实验班，初到这个班的时候，他发现这个班除了班主任陈俊丽和一名英语教师外，再无其他任课教师。陈俊丽要负责英语之外的六门学科的教学，但他听说陈俊丽是语文教师，对数学、物理、化学基本上是一窍不通。这怎么行？胡少舟找到校长反映情况，王天民说："学习要靠自己，教师只能教会你知识，教不会你自主学习的能力。只有你自己融入学习之中，才能真正领会学习的快乐。"

没有教师，学生该怎样学习？胡少舟和同学以小组为单位，四处查找资料，有时候也向教师请教。就是用这样的方式，他们弄懂了数学、物理、化学，还自主完成其他各门功课。

一次，几个学生和班主任陈俊丽闲谈，胡少舟说："陈老师，语文内容繁多复杂，不如改行，教数理化吧！"陈俊丽说："我不会呀！"胡少舟说："没事儿，我教你！"此时师生都笑了起来。

"在圣陶学校，学生才是真正的学习主人。许多学校是在教知识和方法，圣陶学校是通过教知识、教方法来教智慧。"胡少舟说。

教学过程中要不要教师点拨？王天民认为，不需要，因为点拨是智慧层面的内容，是"道"的层面，而"道"在悟，点拨出来，就停留在知识的层面了。

王天民有一个理论叫"闯山论"：爬一座山，导游引导着，一路讲解。游览者没有了迷路的烦恼，也丰富了知识，却减少甚至失去了游览的乐趣，更失去了探险求胜的豪情。最好的办法是让游览者自己去闯，在无人走过的地方闯出一条路来，即使会迷路，会走许多弯路、错路，或者走上了前人的老路，却拥有了属于自己的路。

王天民向记者讲述了这样一个真实的故事：杜老师带的初三毕业班，学生基础薄弱，相当一部分学生小学、初中不上课，初三还不会通分。当时，化学教师请了长期病假，化学课没有教师。王天民便用"直接要鱼"的方法，让学生学会了《碳及其化合物》这一章。他对学生提出了这样的要求："教师不讲，全章的检测题及答案发给你们。学好了，这一章的所有题目全部会做，全班最后一名要考到 90 分，但不准问学校任何人，如果你们做到上面这几件事，我就满足你们全班一个愿望，什么愿望你们自己说。"

当时，班里喜欢化学的王怀林说："谁不会，来问我。"有六个学习比较差的学生成了他的组员。他面对老师和学生发出豪言壮语："我们组保证人人考过 90 分!"最后，师生约定三天后——下个周一上午考试。

王怀林把全班分成几个小组，每组选出一名小组长，他先教会小组长，然后由小组长教各组组员。王怀林周末在电话里教同学，一次就花了 27 元的电话费。第一次考试时，王怀林的小组全部考了 90 分以上，全班只有一个学生没考到 90 分。之后又适当扩大范围，连考了三次，最后 38 人全部 100 分。

王天民兑现承诺，自掏腰包满足了全班学生的心愿——请全班学生吃了一顿大餐。自此，这个班的精神面貌和自主学习意识有了显著提升。

(四) 无作业如何出好成绩

圣陶学校的神奇不仅在于没有教材，而且在于课前无预习，课上无笔记，课后无作业。"做作业是浪费生命，会了不必做，不会做什么?"王天民说。

一天下午，圣陶学校校园里，小学四、五、六年级的 310 名学生正在进行阶段性考试。翻开试卷，记者发现内容涉及理数、方程和不等式、同类项、三角形等知识，既有选择题，又有填空题。据介绍，这套卷子是高二学生胡少舟前一天晚上出的，主要内容是初一年级的数学知识。

这样的考试内容，小学四年级学生会吗?"没问题!我初一时就学初三的知识了，开始有些不适应，但很快就好了。"胡少舟说。

在圣陶学校，课后没有作业，这样的考试就是作业，王天民将其称为"作业考试化"。"作业绝不能是简单的重复训练，应该是'新瓶装旧酒'，让学生永远有新鲜感。"

"开卷练、闭卷考"是圣陶学校的教学秘籍之一。"开卷练、闭卷考"不完全是"作业考试化"，而是自主学习的核心。整个过程中，教师绝对不能讲，其真正的目标是"任务具体，落实到位，严格检测，适度奖惩"。

与"开卷练、闭卷考"配套的是"让学生踏着 100 分前进"。比如写作文，为了激励潜能生，开始是写够 300 字就给满分，然后是没有标点错误就给满分，随着学生的进步，不断提高满分标准。

（五）不上语文课如何能学好语文

没上过有形的语文课，成绩却总在县、市联考中名列前茅，学生的思维水平、表达能力也普遍高于同龄的农村学生。这种看似不可思议的教育现象，在圣陶学校却是一种常态。

胡少舟所在的高二年级共有两个班，无论是全县还是全市进行联考，他的语文成绩总是名列前茅。然而，从初一到高二，胡少舟所在的班级已经五年没上过有形的语文课了。这背后的秘密究竟是什么？

看到这一现象后，偃师市的一位前来考察学习的语文教师不敢相信，拉着胡少舟追问他们是如何学语文的。

"字词、语法、修辞等基础知识在初一之前就过关了。初一之后，就不怎么开有形的语文课了。"胡少舟介绍，遇到困惑或发现好的话题、社会热点事件等，学生会自发地组织辩论赛、主题研讨会等活动，而"生活化的辩论和研讨，不仅能让学生学会做人，而且能提升语文素养"。

"王天民校长经常到班上给我们讲社会热点，引导我们思考。去年，他在我们班讲《孔子大智慧》，每天 20 分钟，讲了一个半月，这对我的影响很大。"学生胡旭利补充说，"校长还推荐了《人间词话》等书让我们阅读"。

几年不上有形的语文课是王天民有意为之，在他看来，真正有效的语文教学只需要做好三件事：阅读、生活、写作。"学生必须广泛阅读，尤其是阅读经典；还要有丰富的生活，不能整天关在教室里写作业，要走进大自然，要结合生活中的问题进行经常性思辨；还要按照规律进行适当的写作训练。"

"按照语文教科书，教师分析段落大意、中心思想式的语文教学，是死的、假的语文教学。我们是在生活中学习语文，是活的、真的语文学习。"胡少舟说。

（六）如何圆普通儿童的"天才梦"

圣陶学校的学生主要来自两个群体，一是农村偏远山区上学比较困难的学生，二是留守儿童。由于学生基础较差，如果学校按常规模式进行教学，大部分学生考上高中都困难。

在这样的情况下，王天民从 2008 年开始进行"超常教育"实验。这里的"超常教育"不是一般意义上对天才儿童的教育，而是打破常规，在改革创新中打造特色学校，培养创新型人才。

王天民提出了"先高后低，先难后易"的教学思路，即用"新瓶"装"旧酒"：形式上由高到低，内容上由低到高。

2009 年，教师王国强在六年级数学教学中，按照"由高到低，由难到易"的教学思路大胆实践，直接从初三的学习内容开始教学，学生没有课本，没有练习册。上课时，王国强将精选习题抄在黑板上，让学生"用眼睛听讲——看；用口答题——说；用手操作——演板"，真正做到了课前无预习，课上无笔记，课后无作业。期中参加全县初三年级统考，班级平均分为 84 分。

2010 年，刘小备等六名初二年级学生以社会青年名义报考高中，在扣除 20 分（因学籍不到期）的情况下，仍被县一高录取；学生王喆九岁时，就已经和他所在的五年级实验班一起学完了初中数学和初一年级语文、英语两个科目的学习，而且成绩优异；三年级实验班已基本学完了五六年级全部学科的内容和部分学科的初中内容；四年级实验班潘自强等四名学生参加县初一年级数学统考，均拿到了满分。

记者了解到，教师王瑞娥、杜银霞负责的六年级一班、二班，曾用一个月的时间学完了初三年级第一学期的数学内容。学生到底是怎么学的？带着疑惑，记者采访了王子恒、张逸、刘鹏超、孙梦怡、王亚璐五名学生。

"我们从九年级借来了哥哥姐姐们用过的写有知识点、典型例题的学习资料，然后以小组为单位自主学习，遇到解决不了的问题时，先在小组、班级内寻求帮助；仍然解决不了的问题，再问老师。"王子恒说。

"你们五个人在学习初三数学的过程中，分别问过老师几次问题？"面对记者的提问，王子恒的回答是"0 次"，张逸的回答是"10 次以内"，孙梦怡的回答是"15 次左右"……

"在学习初三数学的过程中，你们的老师讲过几节课？"他们的回答是"四五次"。

在圣陶学校，小学生与初中生同台竞技，早已不是什么新鲜事了。现在，学校的"超常教育"逐渐受到了学生和家长的普遍认可。

了解了圣陶学校的课改之后,河南省偃师市顾县一中校长贾占通带领师生多次前来"取经"。该校近百名学生自发、轮流在圣陶学校生活、学习,成绩和学习状态都有了显著提升。贾占通说:"许多对学习缺乏兴趣的学生爱上了学习,增强了自信,就像换了一个人。"

(七)仅有一名教师的高中部如何运行

圣陶学校高中部坐落在县城,三个班,近 80 名学生,只有陈俊丽一名教师。然而,陈俊丽并不怎么上课,她主要负责高中部整体工作。

这所"没有教师"的学校是如何运转的?完全是学生自主学习和自主管理。学生胡梦涛介绍,各班的课程表都是学生设计的,一般是半天一门课。每天早读,各班语文或英语科代表安排诵读任务,以小组为单位落实,班级督查。高中部也有几位数学、物理、化学、英语等科目的外聘教师,但他们的"核心职责是解决学生困惑的问题,讲什么是学生说了算"。

谈到如何管理高中部,陈俊丽说:"我的工作主要有三项,第一是安全,高中部地处闹市,女生宿舍的楼梯口晚上按时上锁,有专人负责;第二是生活,要保障学生们吃好饭,保证他们有一个好的心情;第三是学习,我把学生的学习放在第三位,因为学生早已养成了良好的自主学习习惯和能力。"许多工作都是由学生负责的,所以陈俊丽工作起来很轻松。

高二文科班学生卢鹏骏,既是陈俊丽的助理,又是学生校长,负责全面工作。他既负责全校上下课的铃声,又负责学校财务,还要负责一日三餐。"负责的工作较多,有时会忘了敲钟。"卢鹏骏说。

采访中,记者发现两个有意思的现象:一是高中部地处县城闹市区,距校门口 50 米就有一个网吧,但没有学生去上网;二是没有学生谈恋爱，"绝大多数学生都能平稳度过青春期"。

"在学校既自主又自由，有自己负责的事情，有足够的安全感。需要上网查的资料一般都在周末就完成了。"胡梦涛如此解释。

在王天民看来，学生容易在青春期出问题，而圣陶学校的学生之所以能平稳度过青春期，是因为学校的教育让学生的心理成长与生理发育同步，甚至是适当超前的。这两种有意思的现象，也折射出了圣陶学校的教育品质。

"任何人都是天才，每个学生都有天赋。"这是王天民常常挂在嘴边的话。就是这样一个有着独特教育情怀、独特教育理念的人，让圣陶学校吸引了越来越多的学习者、好奇者。

从教近 60 年后，这位校长说：
生命不止，不下讲台

王天民 王占伟 来源：中国教师报

（一）导 读

中华人民共和国成立 70 年来，教育事业发生了翻天覆地的变化，14 亿多中国人享有更好更公平的教育的梦想正在逐渐变为现实。

这样的成绩，其中一大部分要归功于可亲、可敬、可爱的教师！让我们记住他们的名字，倾听他们的故事。这正是《中国教师报》把国庆特刊定位为"70 年，我的教育故事"的原因。

从 1949 年到 2019 年，我们期待通过 70 年教育政策的发展，从教育管理到教师教育，从课程改革到农村教师队伍建设，勾勒出不同时代政策的变迁和演进。同时我们还想触摸每一个时代独特的教育故事，为此我们特别遴选出"30 后""40 后"……"90 后"的教师代表人物，希望通过他们的生动讲述，还原过去的一幕幕教育场景，以细节折射历史，以文字传递感动。

80 载风雨人生，近 60 年育人征途，王天民始终怀着对教育的赤诚，对祖国的热爱。

从青年时代奋力改革的热情，到耄耋之年破解学科"密码"的执着，王天民总是善于从中华优秀传统文化中汲取智慧。

改变的是年龄，不变的是情怀。让我们跟随王天民一起回望他的教育人生，感受他与祖国同行的坚定步伐。

（二）王天民

王天民，河南省汝阳县圣陶学校校长，河南省语文特级教师，全国优秀班主任。1961年毕业于洛阳师范学校，先后在小学、初中任教或担任校长。退休后于2005年创办圣陶学校。以下为王天民的自述。

我的童年是艰辛的，经历过抗日战争和解放战争，在"逃荒"途中，曾经负过小伤，在心灵深处留下过悲痛的记忆。

中华人民共和国成立后不久，学校复课了，我进入家乡河南省汝阳县的小店小学，当时已经十岁了。土地改革，我家分到了土地。由于家贫，买不起耕牛，父亲就养了别人家的一头小母牛，说是等小牛长大了，生了小牛归我们家，再把大牛还给人家。从三年级起，我就和弟弟轮流上学和放牛。

1955年，我考上初中后，和七八个同学在校外农家合租一间磨坊，自己做饭吃。我亲历了农村的互助组、农业合作社和高级合作社，星期天和节假日都回家干农活。随着农村改革的深入，我家的生活也一天天好起来。1958年，为传承祖业（我的祖父是前清秀才，曾教过私塾，父亲解放前也曾在小学任教），我考入了洛阳师范学校，亲历了"大跃进"和三年自然灾害。当时上师范，不交学费和生活费，这些都是国家负担的。我和父母都非常感激国家，我也决心为祖国的教育事业奋斗终身。

（三）为事业奋斗不息，因改革受益无穷

1961 年师范毕业，我被分配到汝阳县城关完小当教师。一年试用期，月工资 29 元 5 角，一年后转正，月工资 34 元。工资虽然不高，但已过了"低标准"，生活还算过得去。我从小学二年级教到六年级，担任班主任，教语文。我非常努力地工作，教学成绩不错，多次受到县里表扬。

后来，我回到家乡小店村中，教过几年专业的文艺班。学生经常不上文化课，不学数学、物理、化学。1977 年国家决定恢复高考和中考，文艺班解散了，家长要求学生回归正常学习，要考高中。时间只有半年多，能行吗？因为当时学过《毛泽东选集》，我和学生们"下定决心，不怕牺牲，排除万难，去争取胜利"。我就"全科包班"，不用教材，不用练习册，根据一本多年前的中考题集，鼓励学生分组自学。我带领学生学习，不记笔记、不做作业，居然帮助学校在全县中考中获得了第一名，受到了县里的奖励。

"坏事"变好事，从此坚定了我进行教学改革的决心和信心。在教学改革中，我得到了学校和教育局领导的大力支持。学校校长马迎喜多次在教师会上宣布："学校不检查王天民的教案和作业，上级如果检查，我负责应对。其他老师也可以大胆改革，成功了我为你们庆功；失败了由我一人负责！"校长的支持，给了我极大的鼓舞。

我的教改还得到了县教育局语文教研员王文沛的大力帮助。王文沛只比我大四岁，亦师亦友。他当时被誉为"汝阳语文教改之父"，在省里也小有名气。他经常到全国各地参加教改会或参观学习，每次总要带上我。他还在县里成立了"叶圣陶教学研究会"，自任会长，任命我为常务副会长。我认真研究叶圣陶的教育思想，着重培养学生的"两自"

能力：自能读书不待老师教，自能作文不待老师改。

我在语文教改方面倾尽了全力，也取得了成效。1982 年，县初中学生作文竞赛，我教的一个班囊括了全县五个一等奖；1983 年，县教育局和县团委组织"五讲四美"作文竞赛，我教的一个班又一次囊括了一等奖前五名。当年，又有三篇学生作文分别刊登在三期《中国青年报》上，张达成副教授还撰写了评论文章。还有一篇文章刊登在了北京师范大学主办的《学作文报》的头版头条，北京市原教育局局长、著名作家韩作黎亲自撰写了评论文章。

我当时算是"火"了一把，应邀到许多地方"讲学"，介绍作文教学的经验。学生们在作文中记下了农村改革的成果，如《丰收后的家》《当洪水淹没村庄的时候》《给马县长的一封信——对农村环保的建议》等。1983 年，我被评为"全国优秀班主任"，获得了金质奖章。1984 年，我光荣地加入了中国共产党，梦寐以求的愿望终于实现了！县里决定由县、乡、村三级一起给我盖一个"四合院"，被我婉言谢绝。此后，各种荣誉接连而至："河南省优秀教育工作者""洛阳市劳动模范"，第一、第二届"汝阳县科技拔尖人才"等，我还连续五年获得"振兴汝阳贡献奖"一等奖，被县政府记大功一次。

1985 年至 1987 年，我被政府保送到洛阳教育学院进修两年。1987 年我被评为中学高级教师，1996 年又被评为河南省特级教师。我还有什么理由不为祖国的教育事业"鞠躬尽瘁，死而后已"呢？

（四）为学生倾满腔情，给人间洒全部爱

退休后，我在民办学校工作了四年。2005 年，开始筹建汝阳县圣陶学校，第二年开始招生。我由衷地感谢党和国家，使我有了进一步报效祖国的机会。我愿意为学生倾注满腔情，给人间洒下全部爱。

我开始理性地回顾自己的教学生涯，理性地面对教育现状，一心想着能为中国教育走向世界做点贡献。

幼时我曾经读过一些经典书籍，从中受益匪浅。创办圣陶学校后，我再次认真学习中国传统文化，阅读《易经》《老子》《论语》等圣贤经典，发现我国的学校教育有许多地方受西方影响太大了，中国古代一些好的教育方法反而被忽视了。班级授课制，就像大工业生产机器一样，尽管有很多优点，但毕竟面对的是千差万别的人啊，这与孔子主张的"因材施教"有些距离。

有很多优秀教师为此也作出了很大努力，实行分层教学，分层走班，确实也有一些效果。还有组织快慢班的，终因弊大于利遭到禁止。

国家一再提出要减轻学生学习负担，但学校为了提高升学率，学生负担不但没减，反而越来越重。我学习《易经》，知道要教育学生"自强不息，厚德载物"。当我读了第四卦"蒙卦"后，才恍然大悟。原来教育的根在这里："蒙，亨。匪我求童蒙，童蒙求我。初筮告，再三渎，渎则不告，利贞。"我感觉到，不但学生要"蒙"，教师也要"蒙"啊！为了让学生处于主动地位，有时候教师要装"蒙"，这可能就是"大智若愚"吧！不懂装懂很容易，懂装不懂实在难！为此，我提出了自己的大胆设想：教师要做"唐僧"，学生要做"孙悟空"！

"匪我求童蒙，童蒙求我"，这不就是让学生处于主动地位吗？俗话说："师父领进门，修行靠个人。"在学校教育中可以改一下："教师引进门，自学靠个人。"教师的主要任务是把学生引进自学之门。

最后说一说我对"初筮告，再三渎，渎则不告"的理解。"初"就是"始"，可以引申为"基"，即基础。要重视基础知识和基本技能，而不是"围着习题转"。大胆设想一下，我们可不可以做到"一句不讲，全班都会；一题不做，万题都会；闻一知十，会一答十；举一反三，触类旁通"呢？尽管很难做到，但当个目标总可以吧！我的设想是：以"道"为本，"道""术"结合，以"道"驭"术"，以"术"验"道"。有没有这样一种"法宝"，就像《西游记》里太上老君的金刚琢、镇元大仙的袖里乾坤、弥勒佛的人种袋一样，能尽收各种兵器呢？我渐渐发现各种知识的背后都会有一种"智慧密码"，可以使学生达到"顿悟"的境界，这种"智慧密码"可能就是那种至高无上的"法宝"吧！

我还从《老子》里悟出一些道理。"道生一，一生二，二生三，三生万物。"道是"总道"，"一"是专门之道，比如"教学之道""经商之道"等。以"教学之道"为例，"一"可以说是以教为中心，即教师教，学生学；"二"可以说是从"以教为中心"过渡到"以学为中心"；那么，"三"是什么呢？有人说"三是多数"，我想这说不通，《老子》里说"无中生万有，无中生妙有"，如果说多数生万物，似有不妥。当然这是我的一孔之见。经书像是一面镜子，每个人都可以从中照到自己的影子；经书又好像是一部无字天书，每个人都能从中读到自己所需要的文字。这就是仁者见仁，智者见智吧！是对是错，谁也说不清。事做成了，错也是对；事做不成，对也是错。我觉得这里的"三"就是"无"，即师非师，生非生，师亦是生，生亦是师。要是在以前，可能只是说说而已，可在"互联网+"时代，这不能不说是现实了。

教师不能再简简单单地教授知识了，学生如果愿意学，可以通过互联网学到教师没教的知识。有很多时候，我在学生面前都会感到自己就是个"井底之蛙"。比如在教"密度"时，我说自然界中密度最大的是金属锇，学生说："老师，不对，是黑洞。我们在网上查的。"我鼓励学生这样做。

我发现了教学中有"三大法宝"："单科独进""开卷练、闭卷考"

"小组合作"。单科独进,来源于"教之道,贵以专"。要抓住主要矛盾,集中力量打"歼灭战"。这样做,可以充分利用艾宾浩斯的遗忘曲线规律,便于一鼓作气掌握一类问题,起到速战速决的效果。"开卷练、闭卷考"是核心法宝,练的是基础题,是举一反三的"一",实际上就是简单的"作业考试化",使差生不怕考,优生更严谨。这是相对于题海战术而言的。这里所说的"小组合作"不是一般的小组讨论,或是"兵教兵",而是责任制的互帮互学,小组中,每个人都是科代表,互相学习、互相督促,共同进步。

还有执行中的"四个秘密"——"十六字方针":任务具体,落实到位,严格检测,合理奖惩。这是个执行力的问题,是大家都熟悉的,我也不再多说。

(五)为传道求索创新,终无悔与国同行

传道为主,授业解惑为次;育人为主,教书为次。怎么才能做到这些呢?亲其师而信其道。教师要成为学生崇拜的偶像,学生要成为教师忠实的粉丝。只有这样,才能像"鲁班学艺"和"纪昌学射"那样:教师一句话,学生几日功;教师一句话,学生几月功;教师一句话,学生几年功;教师一句话,学生一生功。

要想让学生敬佩自己,教师不但要有好的品德,还要使自己成为"杂家",各科知识都会一些。有不少到我们学校参观的人都以为我是理科教师,他们不知道其实我在退休之前一直教语文。

在这里我想再多说几句:这是形势所逼。因为现在很多学生都感到数学、物理、化学难学。我想说,语文学好了,这三科也不难学。理科的篇章,可以归到科技说明文一类。据说著名物理学家钱伟长考清华大学时,数学、物理、化学很差,语文和历史都是满分,他是以文史特长

生的身份被录取的。但他后来从历史系转到了物理系，不也学得很好吗？

我在教学实践中找到了一些学习理科的"小窍门"，能让学生在短时间内学会数学、物理和化学。例如兰考县一所民办学校的初二年级学生在我校学习十天后就说："数学原来这么简单，数学原来这么有趣，我原来这么聪明。"今年，一名来自兰州市的学生小涵，原本没有初中数学、物理、化学的基础，在我校只学了三个月，就在中考中取得了优异的成绩，被重点高中录取了。

为了传承中华文明，我们把国学经典引进课堂，每班都有经典阅读课，师生共同学经典、用经典。学中华魂，做中华人，已蔚然成风。在学校这个"桃花源"里，学习已经成为常态、成为习惯、成为信仰。教师喜欢教，学生乐意学。生活处处有诗意，师生人人有爱心。

举两篇学生习作为例子：

《走在麦田灌溉渠边》：我们在渠边慢慢地走/渠水在渠里静静地流/渠里那水银灯似的太阳/老在我们前面领路/忽然吹来了一阵微风/公公脸上打了个皱儿/是喜悦是愤怒还是发愁/望着渠边那籽粒饱满的麦穗/公公笑了/今年又是大丰收！

《路边的无名草》：路边有几棵不知名的小草，叶子匍匐在地，被行人踏得处处伤痕。我小心地用手捧起了叶子，想让它直起来，可是手一松，它依然匍匐在地。它好像对我说："好心的人啊，谢谢你的帮助！我要用自己的力量战胜身体的创伤，长出几片新叶来。"

从诗文里可以看出，在学生幼小的心灵里，已经种下了真善美的种子。

近年来，我一直在琢磨"钱学森之问"，怎样才能为祖国快速培养一些优秀人才，如何为国际教育贡献中国智慧和中国方案？这是个大问题，需要全体教育工作者齐心协力才行。

中华人民共和国成立 70 周年了，我也快过 80 岁生日了，目前身体还行。有人说我一上讲台就像换了一个人，不知从哪儿来的精神！我想，这就是来源于一个受党和国家几十年呵护、培养的老教师的责任和担当吧！

我决心将活着的每一天当作生命的最后一天，不到生命的最后一刻，坚决不下讲台。我要永远跟着中华人民共和国的脚步前行！

记者手记

（六）教育的母体是文化

教育的母体是文化。文化根深，教育自然枝繁叶茂。

一句不讲，全班都会；一题掌握，万题都会；没有课外作业，没有教案检查；六年的小学数学内容 25 个课时基本学完；初中数理化内容几个月基本学完；"开卷练、闭卷考""单科独进"……在河南省汝阳县圣陶学校，学习不再是负担，而是成为许多学生的热爱与信仰。

圣陶学校为什么能创生出这些不可思议的教育成果呢？我想，首先是因为王天民发现了第三种教学关系。如果说第一种教学关系的核心特征是"以教为中心"，第二种教学关系的核心特征是"以学为中心"，那么第三种教学关系的核心特征则是"去中心"：教师与学生的角色边界日益模糊，生亦师、师亦生，生生互动、师生互动。

在第三种教学关系里，越来越多的学生修复了学习的"创伤"，进而爱上学习。

除了第三种教学关系，还有三个因素不能忽略：一是王天民发现了学科知识点背后的"智慧密码"；二是王天民 58 年如一日的炽热教育情怀从未降温；三是王天民有深厚的中华文化底蕴，并将自己的教育理念深深植根于中华文化。

其实，无论是第三种教学关系还是知识点背后的"智慧密码"，无论是炽热的教育情怀还是中国特色的教育理念，都来源于中国优秀传统文化。

"秀才学大夫，如刀切豆腐。"这是王天民经常说的一句话。秀才学习医术之所以像菜刀切豆腐那么简单，是因为他们能以道驭术。作为语文特级教师，王天民最大的不同之处在于，将英语之外的中小学各学科都研究透了。他之所以能将数学、物理、化学的学习变得那么简易，是因为他能以文化之"道"驾驭学科之"术"。所以，他发现了学科知识点背后的"智慧密码"。

对王天民而言，炽热的教育情怀来源于深厚的家国情怀，而深厚的家国情怀则来源于对中华优秀文化的认同与践行。

"教师站在教室时，你不是一个人，而是'道'的化身，是中华民族的魂。""我为拯救学生而活着，这是我一生的追求。""责任是自己的，利益是大家的，财富是社会的。""我一定要把中国教育从西方文化轨道拉回中华文明。"王天民的这些教育话语折射了他的教育情怀、家国情怀和生命境界。

教育的母体是文化。王天民用自己的教育人生证明了四个大字——文化自信；用自己的教育经验告诉我们，中国教育要担当起中华民族伟大复兴的历史重任，要为世界教育发展提供中国智慧和中国方案，必须扎根中国大地办教育，必须将教育理念与实践植根于中华文化。